金錢的祕密

· 對待金錢的方式，決定你是不是有錢人 ·

金勝鎬 著　徐國明 譯

suncolor
三采文化

_序 言_

人類為了經濟獨立而需要金錢；過去數世紀以來，許多人用各種方法教育我們關於金錢的理解，但是沒有一個時代能真正提升管理金錢的智慧水平。歲月流逝、世代輪替，而我們依然原地踏步。即便聰穎絕頂的人，也常常對金錢充滿了無知；而真正擁有財富並維持財富的人，沒有理由公開他致富的祕密。就算已經在市面上廣傳的方法，也像過了有效期限的藥丸一樣，只是一般的知識罷了。

解決人生金錢的問題是非常重要的事，如同使靈魂覺醒一樣。若忽視這重要的價值，現實的金錢也會忽視我們。如果認為金錢是世俗的事而置之不理，或者因為害怕而逃避它，那麼所造成的損害必然會影響我們和整個家庭，並延續到我們的下一代，而且一生都擺脫不了勞動的束縛。

我出生在一個勞工階層的家庭裡，我們在父親為家人不眠不休的工作之下，勉強地度過了不用挨餓的童年。但現在我是一個每年向美國和韓國政府繳納數百億韓元稅金的人，我從一個如同是巴基斯坦偏鄉的勞工，搖身一變成為

總管世界各地事業的企業家，是哈佛的律師和會計師們引頸期盼的人。那曾經因害怕踏入一碗 6 美元涼麵的韓國餐廳，而放棄推開那餐廳沉重木門的人，如今卻每天賺得一般上班族好幾年的薪水。

我從貧窮的最底層開始，爬上了幾乎最高的位階，在這過程中，我有機會細細經歷有關金錢的各種屬性。我站在一個視野較深又寬廣的位置上，看見了賺錢的意義，以及金錢如何流動、為何消失、湧向何處，錢在做什麼事、留下什麼痕跡等。

一定有人比我更具深遠的洞察、思維和邏輯，從白手起家成就了更大的事業，對於金錢的屬性有更精細的理解。但是市面上的書籍，其實大部分都是由那些從未真正賺過錢的理論家所寫出來的。反而以撰寫這種書籍來賺錢的人更多，真正懂得金錢屬性的資產家，不會願意將那些祕密寫在書裡。

因為知道這個祕密的人不多，所以我將這件事當作上天賦予我的責任，彷彿冥冥中被命運引領似的。然而，我考慮了好多年才提筆寫這本書。我雖然已經出版過幾本書，但寫作對我來說仍是一項艱難的工作。

之前曾租用電影院，以「錢的屬性」為主題，向一般大眾公開演講，後來被剪輯成影片供人點閱。因此有許多網路紅人在製作和複製的過程中，使我的原意和目的漸漸走味了。當我想要導正的時候，已經在網路上流竄，點閱率超過了千萬次。因此，我決定趁現在還來得及的時候，將我要傳達的內容明確地整理成書。

我不會在此書中深入論述或解釋金錢的哲學和倫理的價值觀，我也沒有那麼大的能力。但我要傳達有關金錢的所有想法、經驗和觀點，因為我敢說我比任何人都擅長賺錢的事，而且又懂得讓錢「黏」在我身邊。

金錢才能保護我或幫助我所愛的人，它能使我們無須仰賴他人生活。這是金錢極其平凡的價值，但世界對於這平凡的價值，有不平凡的要求。正因為如此，我們無法以平凡的方式擁有豐足的金錢。但願藉著此書我能詳細地道出我對待金錢的方式，並且邀請讀者同享這份喜悅。

但有一點需要注意的，就是各位讀者雖然接受了本書的價值，但並非所有的人一定都能成為富翁或財務自由的人。但越是年輕的人，如果能認同本書的價值並且實踐，就一定能成為富有的人。還有，任何一個人如果認同此價值觀，

我堅信必定能活出迥然不同的生活。

我只盼望自己能成為除了宗教之外，在世俗的領域裡，影響各位生活幸福的那個人。本書包含平時我在演講和課堂上所闡述的內容，其中有金錢的五種屬性，以及想成為富翁的人所需要的四種能力。

金錢的五種屬性是指「金錢具有人格、規律的收入力量、金錢各自不同的品性、金錢的重力、對待別人的金錢態度」。成為富翁所要具備的四種能力則是「賺錢的能力、存錢的能力、維持的能力、使用錢的能力」。還有我強調要以不同的能力來理解這些，並且要以不同的方式學習。

有些內容是在之前《思想的祕密》、《似懂非懂的事》著作中出現的文章或敘述。雖有重複，但懇求大家的諒解。另外，我努力地為一些不懂經濟術語的人解答，希望能夠容易理解。無論如何，期盼這些內容，對每位讀者在經濟獨立和自主的生活上有所助益。

2
Chapter

金融文盲的危機

3
Chapter

投資最重要的事

4
Chapter

走向寬廣的致富道路

Chapter 1

有錢人 的致富心態

01 金錢是有人格的

金錢隨時都在注視我們，所幸金錢不會記仇，
因此無論我們過去的行為如何，若從今天開始
學習尊重它，錢便會重新開始尊重我們。

　　金錢是有人格（person）的，如果說金錢像人一樣，是具有
思考、情感和意志的人格，我想可能有些人很難接受這種說法。
因為人格是指自己能思考、有自我，是個別的實體。而金錢不
會自己思考或移動，它只是數字而已，所以或許聽起來有點牽
強。但在企業領域中，公司也被賦予人格，正如有個「人」字
的「法人」（legal person）一樣。公司法人像人一樣有訴訟，
也會遭訴訟，如一個主體一樣，能與人抗爭、協商或合作。

　　金錢具有比「法人」更精巧、更具體的人格。有些錢喜歡
與人在一起成群結隊；有些錢則一輩子躲藏著。它們之間有各
自會去的地方，且隨著流行聚集或分散。它們喜歡依附於看重
自己的人，對於隨便看待錢的人，有時會以傾家蕩產作為報復。
只要是隨便看待小錢的人，儘管時而會獲得大筆的錢，但是錢
也會很快就離開，它們會留在善待金錢的人身旁生小孩（利息）。

學會與錢一起生活

　　正因為如此，金錢不會靠近隨便看待錢的人。因為金錢有這種特性，所以我稱之為人格。在本書中將會不斷地出現一些我把錢比喻為人格的內容，希望各位讀者能理解。我之所以能成功擁有豐厚的財富，就是因為我學會把金錢視為「有情感的人格」，並且學會與錢一起生活的方法。

　　如果我們因為太愛錢，只把它關在家裡面，那麼它一有機會就想往外跑，而且會告訴同伴這人是守財奴，千萬不要接近他。對於不尊重錢的人，它不會協助他們成為富翁。人若能把錢用在有價值意義和慈善的事上，錢會被感動，而且呼朋引伴帶其他的錢來找主人。但那些將錢用在酒家或賭博的人，它就會背離那抱持不正確心態的人。

　　金錢是具有情感的實體，所以要愛它但不能過分；該擁抱時就擁抱，但是該離開時，則需要放開它。絕對不可忽視或隨便對待它，要懂得尊重和感謝。有如此心態的人，錢總是會給他機會，並接近、保護他。

　　金錢隨時都在注視我們，所幸錢不會記仇，因此無論我們過去的行為如何，若從今天開始學習尊重它，錢便會忘記一切，重新開始尊重我們。學習接受金錢是具有人格的實體，對待它要像朋友一樣，與它維持深厚的友誼。當我們如此下定決心的

那一刻，對金錢的態度便會煥然一新。不再隨便看待小錢，也會把大錢送到它該去的地方。就像我們不會為了奢侈或虛張聲勢而利用朋友一樣，我們會把它們帶到好的地方。

錢不是所有物

我們會將身上的錢用在高尚的事情上、用在所愛的人身上和值得保護的地方。而從旁關注這些動作的錢，也會吸引更多的「朋友」來到我們身邊。同時我們也不該成為金錢的奴隸，因為錢不是所有物，彼此不是上下的關係，而是互相以高度尊重的形式在一起，這才是真正富有的面貌。

透過勒索、暴力或非法而進入權力者或暴發戶手中的金錢，會隨時等待潛逃的日子，或者會傷害主人之後逃離，所以我們必須棄絕與危險的金錢變親密的意念。

當我們意識到金錢是有人格，且接受這觀念的那一刻起，就開啟了一生通往富有的道路。

02 投資比我 更優秀的經營者

投資這些優秀的公司，就等於與他們合夥，
而且不需要他們的同意，隨時都可以投資。

　　我在三十多歲時曾經投資股票，結果慘遭失敗。我憑著過去對股票的資訊，找到了最好的交易模式，甚至還介入了投資的程序交易。當時我相信這是最快解決貧窮的方法，我自以為我比一般人聰明又有膽識。現在回想，那不是投資，而是投機。何等的愚蠢，真是羞愧不已。

　　當時以投資人而言，我的水準程度連進幼稚園都不到，但自己卻以為是大學生的水準，這種態度當然不可能有好的結果。市面上有很多以過去的數據來預測未來的書籍和演講，每當看到這些便想起過去的我，心裡不禁充滿了遺憾。若猜測這些人現在和未來的財產狀況，我的感受的確如此。當時我賠光了所有的財產，從此不再涉入股市。直到大約是 5 年前，我才重新

開始投資股票。而過去這 5 年期間，我雖然買入相當多的股票，但是幾乎沒有賣出。若有人問我是否在投資股票，我會說沒有，因為我不是透過買賣股票來賺錢的一般投資者。

有資產時應該做的兩件事

若有資產，我會做兩件事，就是將它用在擴展公司或足以再創造出其他資產的地方。近幾年來，我的公司不再需要增加資本，所以必須再為公司的剩餘資本尋找其他的投資。我這一生都是企業家及經營者，但我知道還有許多人比我更優越，所以有時候我甚至覺得自己像個幼嫩的小孩。在市場上有太多更優秀的公司或經營者，那是我未曾想過的。所幸其中有很多是已經上市的公司，這代表任何人都可以如願以償地購買該公司。買 100 美元也好，1,000 美元也可，甚至一天也可以買幾百萬美元，即使它是世界上最大的公司也一樣。

與我們往來的客戶當中，也有很多年年成長、經營績效優良的公司。或者我以消費者及客戶的立場接觸的公司當中，也有許多卓越的經營者。這些公司大部分都比我的公司大、更成長，而且是很有能力的經營者。**比我更優秀的經營者，經營著比我更優良的公司，所以我沒有理由對投資猶豫不決。**

因此投資這些優秀的公司，就等於與他們合夥，而且不需

要他們的同意，隨時都可以投資。**只需要找到該公司的配息政策、配息率及合理的價格幅度。合理的價格取決於你要買多少股，而不是按照既定的預算，考慮用多少錢來買一股，因為配息率隨著股票的數量而改變。**在企業和投資的世界裡，投資比我優秀的企業和經營者，不是非法也不是非道德的事情，更不是可恥的，乃是一件極其合法、合理，又值得驕傲的事。

我會儘量使用我所持股的公司物品或福利，因為現在它是我的公司。我用微軟電腦在亞馬遜購買 NIKE 球鞋，用大通銀行（JPM）發行的信用卡付款；用蘋果手機叫 Uber，到機場搭乘達美航空回家；途中經過好市多買一箱可口可樂，放進三星冰箱裡。這讓我有種自給自足的感覺，不是單純的消費者、競爭者或旁觀者，而是老闆。等除息日股價若下跌，我還可以用更便宜的價格購買優良公司；說到這裡，不禁覺得自己有些狡點。拉著比我優秀的經營者衣角隨行的心情，彷彿擁有一個好哥哥般。盼望各位也能找到自己的好大哥！

03 複利的祕密

有兩種東西自然而然滲入在我們的生活裡，
並且帶來很大的影響，那就是肥皂和複利。

在理財技術中複利的威力不容小覷。所謂複利有重複的意思，是在本金和利息上生利息，而且利息的利息上再生利息。與複利相對的是單利，單利是指本金支付一次利息的情況，前期本金所產生的利息不會併到下一期本金重複生息。換句話說，在以單利所得的利息和本金合併的金額上，再生利息的結構就是複利。

如果將 1,000 萬韓元，以年利率 6% 的單利計息，5 年後將可領回 1,300 萬韓元。但是若使用複利計息時，則可多領 488,502 韓元的利息。看似沒有差別，但算一算增加了 20 個月的利息。

若改為 10 年，與單利相比利息多 2,193,967 元韓元，相當於 87 個月的利息。如果這種狀態持續 20 年，將獲得比本金更多的額外利潤，就是 11,112,045 韓元。如果把這個差別搞清楚

了，你就會立即明白，即便領取同樣的複利利息，但比起一年領一次利息，不如按季分批領，甚至按月領利息，則會更有利。

複利對於債務的恐怖影響

　　但是，相反的，若將複利的概念用於債務利息來償還的情況，就會產生非常恐怖的數值。若開立貸款帳戶，以 10% 年利率借了 500 萬韓元，雖然每月的利息只有 41,667 韓元，但若拖延不付利息，下個月的利息不是兩個月 83,334 韓元，而是 83,681 韓元，增加了 347 元，這是因為有 41,667 元的利息加在一起。然而認為「**才347元**」和「**高達347元**」兩者之間的差別，**會導致投資的差異，也會帶來財富和生活的差異。**

　　像這樣若繼續兩年不還貸款，兩年後的本息則變成 6,051,525 韓元，每月的利息是 50,429 韓元。3 年後本金變成 6,685,199 韓元，利息為 55,710 韓元，而且年息將增加到 13.4%，這是「才347 韓元」所造成的結果。再舉一個例子，買一棟房子，貸款 3 億韓元，以 30 年 4% 複利還款，需要支付的總金額則是 9 億 9,000 萬韓元。如果將這貸款分為 30 年按月支付，月抵押借款為 276 萬韓元，需要支付 21 年的利息，本金才會從下個月開始減少。複利就是如此可怕。

　　最終，財產的價值會根據複利是友或是敵而有所不同。想

要讓複利站在友方，就要先認識複利。根據喬治·華盛頓大學的調查，只有三分之一的美國人了解複利。**愛因斯坦（Albert Einstein）曾說：「複利才是人類最偉大的發明，是世界八大奇蹟之一。」**

/ **比較單、複利與期數** /

本金		利率	期數	利息	本利和
單利	1,000 萬	6%	5 年	300 萬	1,300 萬
複利	1,000 萬	6%	5 年	382.2 萬	1,382.2 萬
			10 年	790.8 萬	1,790.8 萬
			20 年	2,207.1 萬	3,207.1 萬

華倫·巴菲特 50 歲登上美國首富

　　華倫·巴菲特（Warren Buffett）也是一位受到複利最多優惠的投資者，他若沒有複利的幫助，可能也不會有現在的地位。複利雖然簡單，卻是投資最重要的原理之一。如果投資者不了解複利，就沒有資格管理財富。複利比投資本身更重要，若想了解複利效應如何改變財富，就要帶著真誠的心親近複利，並與它相處。讓我們來看看 1964 年，巴菲特於 34 歲時寄給股東的一封信函：

「因為複利這個主題整體上比較令人沉悶，我想以美術品做為比喻來介紹複利。1540 年，法國國王法蘭索瓦一世，以400 埃居（Écu，法國古貨幣單位）購買了達文西《蒙娜麗莎》畫作。當時 400 埃居的價值為兩萬美元，如果法蘭索瓦一世能實際一點，不是買畫作，而是用年稅後 6% 的收益率投資該資金，現在就會漲到 1,000 兆美元以上。就是每年以 6% 創造 1,000 兆美元以上，這數字是當前美國國債發行規模的 3,000 倍以上。」

一個從小就看透複利的概念和優惠的年輕人，在 50 歲以後登上了美國首富，直到現在 91 歲，他的財富仍持續增加中，是複利使他成為首富。有兩種東西自然而然滲入到我們的生活裡，並且帶來很大的影響，那就是肥皂和複利。因為自從肥皂被發明出來之後，改善了個人衛生，人類的壽命也因此飛躍式的增長；而人類自從發現複利之後，發生了無數次的財富移動。

如果已經了解了複利的重要性，就是已經完成了即將成為富翁的最基本預備。恭喜你！

04 固定流入的資金力量

做生意或經營事業，不要羨慕光一個夏季
一天的銷售額就達 1,000 萬韓元的人，
而要羨慕每天持續進帳數十萬的小飯館。

　　假設一年的收入為 5,000 萬韓元，A 每月固定收入 400 萬韓元，B 有時賺超過 1,000 萬韓元，有時則一分錢也賺不到。兩人每年都有 5,000 萬韓元的收入，但兩種金錢的力量是不一樣的。固定收入的質比非固定收入好，優質的錢會吸引其他的錢，凝聚在一起不會散開。由於固定收入比非固定收入的力量強大，所以潛在價值的本益比（PER）是高的，與實際面額價值無關。

　　再假設耕作時所需要的降雨量為 1,000 毫米，但是若春天一次降 500 毫米，秋天也一次降 500 毫米時，那片土地上就無法耕種，因為不是洪水就是旱災。但如果每天不斷地只降 10 毫米，就可以結出相當美好的果實。巴西的拉克依斯・馬拉赫塞斯沙漠，雖然年降雨量達 1,600 毫米，但長不出任何植物，因為 6 個月才降一次雨。

現金流量要保持恆定

　　同樣的，經營企業最重要的是現金流量。現金的流入和流出統稱為現金流量。如果一個企業的現金流量不順暢，雖有獲利，但破產的可能性很高。就像不管什麼時候下雨，農作物現在就在乾旱當中燒死了。體內的血液要持續地流動，四肢才能自由地動作；呼吸也要正常，生命才能延續；飲食要規律，才能存活。一個人溺水 10 分鐘後，再給他注入不足的空氣，他也不會活過來。將肉放進已經餓死的人嘴裡，他也不會復活。

　　金錢也一樣，當現金流量保持恆定時，生活的經濟才能富裕。現金穩定地流入，如同只用數百名組織化的警察或士兵，就可以有效地管制成千上萬的群眾一樣。這樣的現金流量，能使不順遂的人生得到控制。

　　如果正在計畫做生意或經營事業，不要羨慕光一個夏季一天的銷售額就達 1,000 萬韓元的人，也就是非細水長流的人，而要羨慕每天持續進帳數十萬的小飯館。因為一個夏季所賺的那 1,000 萬韓元，像棉花糖一樣輕，一碰就碎了；而小飯館的 100 萬韓元，則像水泥一樣堅硬，所以能建造大樓。只為接待活動團體的顧客，而忽略常客的老闆不會成功。

　　因為非固定的收入是一次湧進的錢，所以會容易令人產生錯覺，以為自己賺了很多錢。這些錢看起來比實際的價值大，因此會造成奢侈、隨便花用，結果留不住錢。一般常見的想法是，因為不知道錢什麼時候會再進來，所以要存錢生活，但實際上能如此調整的人寥寥無幾。

固定收入能駕馭風險

我們手裡若有一根針，現在有一顆氣球在我們眼前飄蕩，這時我們會很想把它戳破，這是人普遍的心理。

收入不固定的人，應該找一份能將資產轉移到固定收入的工作。像演藝人員、演講員、補習班教師、建築工人、有季節性的企業界業主、運動員、開業醫師等非固定收入的工作者，皆包含在這範圍內。

收入不固定換成另一種說法，就是個人的專長或才華很多，在短時間內能獲得很多收入。這樣的人有收入時，應該購買能產生出固定所得的不動產，或可分配股息的績優股來轉移所得。如果不儘快轉移到固定所得，那不固定的錢財就會被那些擁有固定金錢的人吸走。固定的錢和非固定的錢彼此競爭，最後獲勝者總是那固定的錢。

固定收入的最大優勢就是能預測未來，意思是**固定的收入可以駕馭金融資產最大的敵人 —— 風險**。風險對資產來說是最可怕、最恐怖的，而且它能奪走一切。不知道它會藏在哪裡，或許在角落迴繞著，突然讓我們相遇，這就是風險。能控制這風險是很大的優勢，能控制就表示有信用，而且這信用可以作為實際的資產，所以同樣的 5,000 萬韓元，也會變成 1 億或更多的資產出現在現實中。

05 金錢具有重力

錢具有拉動身邊其他金錢的能力，
並對周圍的金錢產生影響。
如果能以重力一樣的作用原理善加利用金錢，
任何人都能把最少的錢變成大筆財產。

　　重力是現代物理學的相互作用力量之一。根據牛頓之說：
「重力對一切具有質量的物體產生作用。」重力是指具有質量
的物體，影響其他質量物體的力量。其力量的大小與各物體的
質量成正比，能拉動附近的物體，並達到最遠的距離。它與距
離的平方成反比，所以距離越遠力量越弱，但在很遠的距離仍
然有作用。

　　我們生活在地球上，感受不到重力巨大的力量。但太空船
必須以每小時 4 萬公里的速度飛行，才能脫離地球的引力圈。
重力的力量能將宇宙飛行的流星帶到地球上。因為地球比月亮
重，所以具有更強的重力；而太陽比地球更大、更重，所以其
重力的影響更遠。我們用肉眼的極限能看到的該影響力只有太
陽系。

　　神奇的是，金錢也具有這重力一樣的作用。錢會影響其他的錢，那筆錢的金額越大，對其他錢的影響就越大。錢具有拉動身邊其他金錢的能力，並對周圍的金錢產生影響。如果能以重力一樣的作用原理善加利用金錢，任何人都能把最少的錢變成大筆財產。

了解錢的重力

　　如同長達 6,679 公里，河口寬 240 公里，每秒有 20 萬 9,000 立方米的水流入大海的亞馬遜河，也是從祕魯南部的安地斯山脈內瓦多米斯密山（Nevado Mismi）裡流出的溪流開始的。

　　我們居住的這個巨大地球，也是由一顆顆小小的粒子牽動周邊的粒子，並逐漸增大體積，而形成了現在 5,972,000,000,000,000,000,000 噸的地球。因此，無論多麼微小的東西，只要了解其屬性，就能牽引周圍，並增加其體積或大小。如此變大的資本，也容易吸引更多其他的資本。

　　假設有人下定決心要籌集 10 億韓元的資金。10 億是一個月入 300 萬韓元薪資的人，27 年不吃不喝才能存到的金額。這是漫長艱辛的過程，而且是全額儲蓄的情況。就算是投資，也不能損失一分錢。若只存一半的薪資，也需要花費 50 年。但是若能了解錢的重力，就另當別論了。這世上一切擁有大筆財富的人，都不會以那種方式存錢，而且也不會讓資金如此流動。

財產增值的過程

要籌集 10 億韓元，首先需要 1 億韓元；又為了籌集這 1 億元而需要 1,000 萬元，而那 1,000 萬元則是從每月存 100 萬元或以上開始。假設我們費了 100 分的努力，1 年存到了 1,000 萬元，那麼籌集第二個 1,000 萬元所付出的努力會比第一次低。因為已經存到的那 1,000 萬，即可透過利息或投資創造了自己的資本。

雖然第一個 1,000 萬元是用自己的努力和時間默默實現的，但那 1,000 萬元自己會來幫助我們，所以等於是兩個人一起努力的結果。也就是說，我和資本一起工作創造出其他的資本。所以存第一個 1,000 萬元所付出的努力值為 95，這數值會隨著存第二、第三個 1,000 萬元而漸漸變小。如果為了存第一個 1,000萬花了 10 個月，那麼第二個 1,000 萬元就是 9 個月，然後是 7 個月、5 個月，以此類推遞減。剛開始若以 100 分的努力存了 1,000 萬元，那麼存到 1 億元的最後一個 1,000 萬元時，只要用 20 或 30 的力量就可以達成。如此幾年後就能存到 1 億元，而那 1 億元會透過同樣的過程，又在幾年之後變成幾億，再過幾年就變成了 100 億。

財產增值的過程，不是以 1、2、3、4、5 正整數（自然數）的方式增加，而是以 1、2、4、8、16 的倍數方式。只要了解這一原理，任何人都可以致富。

　　重力的力量遍及整個宇宙，是宇宙的根本力量，也是創造世界的原理之一，這原理適用於所有會增長的事物。但因為金錢不屬於具體的物體，所以想要存錢的人，自己必須有達成目標的心志。

06 風險高的時候 風險最低

了解風險，不是根據模式和分析而得出推測，
而是從哲學的角度來接近風險更為合理。

　　投資遵循未來的觀點，其觀點的核心為風險管理。基本上
我們會有某個程度的預測，知道哪些資產或股票會上漲。但是
即便預測正確，風險仍然存在。因為根據特定資產的投資時機，
收益也會有所不同。雖然整體資產上漲，但還是有虧損，因為
時間不足，或投入的資金質量不佳。

　　並非所有的鑽石都是一樣的鑽石，所有的黃金也非都是一
樣的黃金。鑽石從字母 D 到 Z，共分為 23 個等級，Z 級以上又
分為彩鑽，它的價格也是千差萬別。同樣的，一樣重量的黃金
其價值和價格的差異，也是根據它的純度而定。有些資金可以
維持長時間的投資，但也有維持不了一年的短期資金。甚至還
有不過短短幾個月必須抽回的不穩定資金。因此，有些人雖然

善於往良好的方向預測，但還是無法獲利。想要在投資市場上長期成功，就必須了解風險，掌握自己資金的狀況，並且應對風險、戰勝它。

具備洞察風險的眼光

通常我們認為風險高，損失或獲利也會高；風險低，損失或獲利也低。這樣的認知就像數學最基本的加法乘法公式一樣簡單。其實有時候兩個數字相乘之後，得到的答案反而會變小。意思是風險也有各種複雜的情況，如果風險增加，獲利的不確定性及損失的可能性也會增加。一般認為變動性較大的市場，風險就越大，但預期收益幾乎沒有隨著變動性改變的情況。

事實上，很少人察覺風險大的消息傳遍時，就是風險降低的狀態。通常股票市場的繁榮時期，看似沒有風險，而股價暴跌期，好像風險大幅增加。因為不知道在暴跌期會造成何等深遠的損失，那風險看起來又太大，所以無人購買股票而導致暴跌。事實上，那個時期正是風險最小的時候。

在股市上漲期，沒有人害怕風險時，也會有風險最大的情況。看似風險消失的多頭市場，反而風險最大。因為那是形成泡沫的唯一地點，因此必須具備洞察風險的眼光。

華倫‧巴菲特有句名言：「別人恐懼時我貪婪，別人貪婪

時我恐懼。」（Be fearful when others are greedy, and be greedy when others are fearful.）他認為當所有人都害怕時，表示風險已在降低的狀態了。

從哲學角度了解風險

　　所以**壞的情況並不糟糕，反而因為優惠的價格給了購買資產的機會，因此形成風險減低的時機。**因害怕風險沒人買進的那一刻，正是風險最小的時候，這聽起來有些矛盾。飛機最安全的時候，就是飛機發生事故後的那一週，因為此時所有的航空公司都會更加徹底檢查、維護飛機。

　　風險的特性之一，是過去的實例不會影響未來。尋找模式的人不會考慮新的未來或尚未發生的情況；當新的事情發生時，只會將目前的情況和過去綁在一起重新解釋而已。然而世上總會發生史無前例的最壞情況，而且在投資世界裡，那些沒有未雨綢繆的人到時候就會消失。另外，風險以規律的外表不定期地出現。「平均每 10 年下跌一次、平均下跌 30%」之類的話，是對了解風險最具干擾的數據。

　　沒有比「平均」更空洞的字眼了，因為有時「平均」是毫無意義的，或者扭曲事實。因此所謂了解風險，不是根據模式和分析而得出推測，而是從哲學的角度來接近風險更為合理。

貪婪帶來風險，若這種貪婪帶有傳染力，且附著在大眾身上，就會形成樂觀的泡沫，而泡沫導致暴跌。然而，讓人自暴自棄、恐懼震驚的時機來臨時，就是春天降臨、太陽昇起的時候了。這些不需要用統計數據或模式來證明，只要有人文知識就能知道。

所有貪婪的結局都是萬念俱灰，而所有的絕望都蘊藏著希望。請記得這一點。

07 對待金錢態度

在學習尊重他人錢財的過程中，
或許有一天那些錢也會變成我們自己的。

　　過去我將車停進好市多停車場之後，就會特別去拉一臺散落在停車場角落的購物車進場。在我年輕時代經營超市的時候，每年都會有一百多臺購物車消失或遭到損壞。因為有些顧客會把購物車推回家，或者隨便放在停車場的某個角落裡，造成我每年損失兩萬美元以上。所以當我以顧客身分去購物時，不會隨便對待他們的購物車。

　　有的人非常愛自己的孩子，但對別人的孩子卻冷漠無情。看自己的孩子如黃金一樣寶貴，但從未想過媳婦或女婿也是別人家的寶貝。有些人對金錢也有同樣的態度，常常看到一些人非常愛惜自己的金錢，絕對不會亂花，但對於使用公款或稅金方面卻漫不經心。輕則輪到朋友請吃飯時，點比較貴的東西；或者團體聚餐時，把自己該付的錢混在其他人的飲酒費用裡敷衍過去。重則破壞國家的器具或物品，還有虛報國家補助金或

逃漏稅。公款、稅款、會費、朋友的錢，以及父母的錢，這些都是別人的錢。

就算是一塊錢也是別人的錢

我們對待他人金錢的態度，就是對待自己金錢的真實態度。從朋友請客時會點更昂貴的東西，在聚餐時點更多酒的行為中，就顯出一個人看待金錢的標準如何。

我們要知道，一個隨便對待稅金、公款等公共資產的人，也會同樣地隨便對待自己的金錢。用國民的稅金建造的所有公共設施、馬路、告示牌、活動、醫療服務等，其中也有包含了你我的一部分。與朋友之間輪流請客的錢，也包含著彼此的錢。

若想得到人的尊重，就先尊重他人；同樣的，若渴望自己的錢得到尊重，就要懂得尊重別人的錢。即便那是我持有100%股份的公司，我也只在符合公司用途的情況下使用法人信用卡。而且我去自己公司的賣場買東西，也一定會付錢。因為相關公司的負責人或各賣場的經理，是根據營業利潤的水平來獲得實際業績，如果我隨便拿走東西，就是讓他們的利潤績效虧損，就算是一塊錢也是別人的錢。還有，繳稅是國民應盡的責任和義務，假設在我的農場開一條馬路，或在小溪上蓋一座橋，也要花費數十億；而我們不用花一分錢，就可以花一個小時跨越相隔很遠的城市，這都是因為有很多人向政府繳了該付的稅金。

好市多也可以是我的夥伴企業

稅金雖然是我們自己的錢，但同時也是別人的錢。合法的節稅是保護我們的資產，但逃漏稅的行為等於是竊取別人的金錢。我們若不隨便對待別人的金錢，我們的錢也不會被任意對待。我們不任意對待別人的孩子，我們的孩子也不會被欺負。

我現在看到好市多停車場內放置的購物車，依然會推著它進入賣場。我的用意是減少那裡的員工為了散落的購物車，在停車場內來回奔波增加工作量。現在好市多可以說是我們公司的夥伴企業，就像我家的兒子和他家的女兒結婚一樣，我的錢也和好市多的錢聯姻了，因為我是持有好市多 0.003% 股票的股東。所以手推車一邊的車輪是屬於我的，我懷著這種心態更加的愛護它，因為在學習尊重他人錢財的過程中，或許有一天那些錢也會變成我們自己的。

08 繼承「千萬不可失去」的遺產

以為自己繼承了 100 億鉅款,所以辭掉工作,
卻萬萬沒想到得來的只有後悔不已。

上班族小旭從無後嗣的大伯父那裡繼承了一筆龐大的財產:
100 億韓元。他夢想從此過著富人的生活,但是仔細閱讀遺書後
發現有兩個條件:第一,遺產不能有任何一分損失。第二,要
從利潤中扣除年度通貨膨脹率。

這位長輩不願看到繼承遺產的後代子孫,因著奢侈或放蕩
的生活而傾家蕩產。他認為唯有懂得管理錢財的人,才能繼承
他的遺產。他在上面還附加了一個條件,就是如果違反其中任
何一項,將隨時收回遺產。

他苦惱著該怎麼做,這 100 億鉅款得來不易,就算每天存
100 萬,也要花上 30 年才能得到。他想買房地產收房租的方式
似乎不錯,但必須遇到好的房客,還要考慮稅金和建物行情的

波動。投資股票更是令人膽戰心驚，最安全的方法就是以儲蓄生利息了。存入銀行能夠保障本金，又能賺取利息，看起來這是最好的辦法。於是他開始研究 2020 年 4 月韓國商業銀行目前各個利率和商品。

別忽略通貨膨脹

國民銀行（KB）一年一般定期存款的年利率為 0.80%，農會銀行（NH）「極滿意存款」定期存款的基本利率為 0.75%，友利銀行「WON 存款」為 0.65%，韓亞銀行的「主要交易定期存款」基本利率為 0.75%，「高單位利益定期存款」為 0.70%。隨著政府標準利率的下降，這利率大部分都降到 1% 以內了。一年為期的商品最高為 0.80%，100 億韓元的利息大約是 8,000 萬韓元。扣除 15.4% 的利息稅 1,232 萬之後，實領的金額為 100 億 6,768 萬韓元，只賺了 6,768 萬元。

他心想這些錢也足以讓他成為富翁了，但是根據韓國統計處消費者物價指數的調查資料顯示，最近 5 年的平均消費者物價上升率是 1.1%，所幸 2019 年度物價上升率為 0.4%。因此從 100 億元平均貶值為 4,000 萬元，扣除 4,000 萬元之後，便有 2,768 萬元利潤。將此按月分攤，最後只有 230 萬元左右。以為自己繼承了 100 億的鉅款，從此就是金字塔頂端的人了，所以辭掉了工作，卻萬萬沒想到得來的只有後悔不已。

定期資產是高品質資產

這是虛構的故事，但是透過小旭的例子，我們可以學到幾個教訓。

第一，100 億韓元確實是一筆鉅額沒錯，但是如果想把它變成沒有損失的固定收入，那麼這筆錢其實還不算多。相反的，如果我們有 276 萬韓元的固定收入，則與擁有 100 億韓元的資產家別無兩樣。**定期、固定收入資產的力量，通常等同於該金額的 100 倍。定期資產就是具有如此高的價值，是高品質的資產。**

第二，賺錢和守財一樣難。我們必須學習持守錢財的能力，因這能力不會自動產生。有時候賺錢是機會和運氣的相助，但是若沒有研究、經驗和知識這些重要的價值，終究無法持守錢財。

第三，即便真的擁有了 100 億韓元，但如果沒有月薪 276 萬韓元者該有的生活態度時，那筆財產可能會瞬間下降。我們要認清這事實，並活出儉樸端正的生活，你將可能會賺得 100 億韓元，所以盼望預先接受這些智慧。

09 想快速致富就要慢下來

想要速成致富的心態背後是，
擔心被比較或者想炫耀自己。
財富像建造房屋一樣，需要慢慢地堆砌。

　　想要致富的人，最常犯的錯誤就是一心想要快速致富。人一旦只想速成致富，就不會明智地判斷。會輕易受騙，也容易被豐厚的獲利迷惑。急躁不顧風險，隨感覺投資，最後所有的結局幾乎都以失敗收場。有時或許因運氣好而獲得大成功，但會再次落入失敗，因為所有的條件都指向失敗，而所有的資產都與這些條件結緣了。因為無法改掉不實在的投資或高負債經營的習慣，所以擁有的財產皆屬於不穩定的。

　　有些人即使經歷了這種失敗，也沒有學到教訓；為了追趕前面耽誤的致富之路，而更加盲目地投資或追逐虛妄的夢想，最後變成一個充滿絕望、怨恨世界、令人厭惡的人，並且就這樣結束了人生。富翁不是一蹴即成的。

40 歲成為富翁算太快

快速致富的唯一方法，就是不要有速成致富的心態。一個走在白手起家之路的人，40 歲能成為富翁都算太快。在二、三十幾歲快速致富的年輕人當中，能夠一輩子持有這些財富的人屈指可數。所以成為富翁的最佳年齡是 50 歲以後，若年紀輕輕就成為有錢人，會比較缺乏管理財富的技術。因為投資或經營事業所得的利潤更吸引人，而儲蓄和維持財富的能力，與所擁有的財富相比顯得很脆弱，所以後來再次變貧窮的機率很高。

想要速成致富的心態背後是，擔心被比較或者想炫耀自己。財富像建造房屋一樣，需要慢慢地堆砌。

無論什麼年齡，要學習各種賺錢的技術、存錢的能力、守住金錢的能力以及用錢的能力，50 歲都難做到。這四種能力就像餐桌的四隻腳，其中有任何一隻腳長短不一或斷掉，桌上擺滿的食物必然翻倒。**所以我們應該丟棄快速致富的想法，而是去預備種子資金，學習複利和投資以及經濟術語，擺脫金融文盲。**

拚命地節省，創造 1,000 萬或者 1 億韓元的種子資金，減少貪慾，逐漸擴充資產；當那資本利潤超過勞動所得的那一天，就是變成富翁的日子，也是自己經濟獨立的紀念日。我們會永遠紀念這一天，它將是我們和家人的自由之日。這樣致富的人不會再變窮，而且財富代代相傳。這是最快的致富方法。

不要急著致富，最快致富的方法就是先將這一點銘記在心。

10 財經專家真的能預測景氣嗎？

未來不是在過去的數據模式內形成的，而是新的未來匯合在數據裡而已。所以沒有規則，而且每次都會發生意想不到的事。

　　沒有！一個也沒有，以後也不會有。當然在短期特定的時段是有可能的，但是沒有人能預測宏觀經濟（macroeconomics）的景氣狀況，也沒有預測正確的。就像透過風箏的飛行，便知道風吹的方向，但是當氣球隨著風飄起的時候，我們無法知道它會往哪個方向飛。尤其，就算學者或專家預測幾個月或幾年後的景氣，我們也不能將他們的話當作事實。

　　雖然總有某些部分或某個人的預測是對的，但這就像算命先生所說的話一樣，對某些人來說是對，對另一些人卻可能是錯。只是所公開的部分是過去猜對的經歷，錯誤的部分則不提，所以呈現出來的仍然像專家一樣。若有人能找出景氣模式的原理，可能在一年之內就會成為世界上最富有的人，而數年後就能賺得全世界的財富。

「不知道」才是正確答案

　　儘管靠近這些領域的人，都是經濟學家或分析家，但沒有任何證據顯示他們比其他特定職業的人士富有。具有這種特別能力的人，不會在有關談論經濟的節目中，對景氣發出預測的言論。

　　他們大都悄悄地出售衍生商品，並擁有一所大學或一家廣播電台，或者成為世上所有企業的最大股東。偶爾有因預測正確而出名的人，但是與其他人相比，他下次的言論能持續發燒的機率並不高。這就像丟銅板一樣，猜對一次正面的人，也不能保證下次猜對正面的機率比其他人高。

　　然而比起他們說的話更可怕的是，聽了這些意見後，將全部財產都押在這上面的人。沒有人知道明天有哪些特定的股票會漲跌，連我身為經營者，都不知道明年的公司會如何。那些以專家的頭銜預測利率升降、股價漲跌的論點，只是他們個人的意見罷了，不代表比其他人的意見更重要。因此當有人問專家或明智的投資者：「這支股票會上漲嗎？」「未來的債券市場會如何？」「從現在開始會反彈嗎？還是會再下跌呢？」通常他們的回答是：「我不知道」。

　　「不知道」才是正確的答案，因為未來不是在過去的數據模式內形成的，而是新的未來匯合在數據裡而已。所以沒有規則，而且每次都會發生意想不到的事。

不知道自己不知道的人

經濟學家約翰‧高伯瑞（John Galbraith）說：「**世界上有兩種人，一種是『不知道的人』，另一種是『不知道自己不知道的人』**」。可是那預測匯率、股價動向或原物料價格等全面經濟的人，為何到處銷售書籍、演講賺錢，又在 YouTube 上宣傳精彩的專業評論和預測呢？我們是屬於「不知道的人」，而他們是「不知道自己不知道的人」罷了。自己相信自己是聰明的人，就會預測，也倚靠預測來投資。雖然有時預測正確，但有時並不對。這是真理。

人類成立股票交易已超過 400 年，但至今仍沒有出現可預測的理論。**在投資的世界裡有幾個不變的真理，就是經濟預測是不可能的，以及篤信會帶來最沉重的懲罰。**在人類的現代經濟結構中，這是不變的規則。

在佛教的《般若心經》中，教導由「色、受、想、行、識」五蘊和合而成的我即是「空」，意思是「我什麼都不知道」。**當我們說「我什麼都不知道」的時候，反而能脫離危機。最危險的時候不是「不知道」的時候，而是自認為知道的時候。**這樣的人甚至認為自己的預測沒有錯，只是這次運氣不好而已。但是當我們不知道或覺得不知道的時候，就會小心戒備，並且會未雨綢繆。

當我們明白自己不知道，才會對各個投資資產或公司進行深入研究及蒐集資訊。而且還要確認其中的關係，找出大家尚未看到的東西。以此為前提，當市場往其他方向發展時，只有那具有勇氣逆向的人，才能在市場中脫穎而出。

11 到三星證券
買三星股票的人

股票市場裡的大成功也像中頭彩一樣，
如果想證明這不是投機而是投資，
就要有長時間一點一滴邁向成功的證據。

　　大學一年級時，我第一次知道股票這東西。但是我身邊沒有一個人投資股票，我也不知道該去哪裡問、向誰討教。當然也因為沒有錢，所以根本不知道要有多少錢才能買股票。因此我就直接去了當時的汝矣島證券交易所，因為我想起偶爾在電視播報證券的新聞中看過股票交易畫面。於是我對站在厚重玻璃門前的警衛說我要買股票，結果警衛把我攆出去了。

　　這是我第一次接觸股票的經驗，我撰寫本文時，心裡想是否仍然有人像我一樣，以為買股票是到申請上市櫃的證券交易所。但驚訝的是，最近我聽到還有人到三星證券買三星電子股票！原來無知者 30 年前和 30 年後的今天毫無兩樣。如同以為買樂天巧克力棒，就要去樂天超市一樣。

向具生活洞察力的哲學老師學習

其實股市是一個可怕的市場，在那裡連運氣都行不通。所謂買賣股票就是買賣公司；而買賣公司的人，在金融和經營的世界裡，是最強大的掠食者。他們為了在投資股票上獲得成功，必須認真下功夫理解所有的經濟術語，並要了解各個公司的運作方式。另外還需要對國家的產業發展過程和政治勢力的運作有全面的知識，擁有人文學的知識之外還需要有信心，以便冷靜地避開許多人的貪婪、欲望、恐懼和挫折等。

以為去樂天超市才能買到樂天巧克力棒的人，即使在偶然的好時機裡買到了三星電子股票，但因為不知道什麼時候才能實現獲利，所以四處打聽消息後得到微薄的利潤。他會一直不斷地短線進出，因此投入的本金漸漸被吞噬，最後又為了恢復本金，在不合理的項目上投機。

如果下定決心投資股票，期望大家能像經營公司及就讀大學一樣研究 4 年。如果遇到好前輩，便能縮短學習的時間。對身為投資者的我而言，華倫・巴菲特、班傑明・葛拉漢（Benjamin Graham）、霍華・馬克斯（Howard Marks）、安德烈・科斯托蘭尼（André Kostolany）等人物，是具備「長期成功」（在這裡長期的成功非常重要）和生活洞察力的哲學老師。如果大家遇到的前輩是接受這些投資哲學的人，就值得跟他們學習。我不信任那些在投資或事業上秉持「往年的經驗」和「理論」的人，

我只相信那些長期以來從事投資或事業經營良好，而且現在仍
然在賺錢的人（在這裡長期一樣非常重要）。

　　**成功或卓越的理論，無論那是什麼，都需要長時間證明。
所謂長時間，至少是一個世代（30 年）以上。**不可相信短期
成功或有一次輝煌成就的人，也不要相信沒有實際成果的理論
家。有一個常常進出賭場的朋友，每次都會贏錢，每次都中頭
彩，還向人顯示他兌換現金的收據。但是沒人知道他為了贏得
頭彩輸了多少錢。

眼見為憑

　　股票市場裡的大成功也像中頭彩一樣，如果想證明這不
是投機而是投資，就要有長時間一點一滴邁向成功的證據。
一想到有多少老師會對那些到三星證券公司，買三星電子股
票的人提供建議，就覺得心寒。其實證券公司的職員也對投
資一無所知，他們只是坐在市場的前端罷了，真的就是「坐
在椅子上」而已。如果他們很懂投資，就沒有理由在證券公
司做如此耗費精神的工作了。最好的證券公司職員，就是回
答「我不太清楚」的人。

　　隔壁鄰居去釣魚，釣回來的魚越來越大隻。剛開始他炫
耀釣到手掌大小的魚，後來他說釣到如手臂一般長的魚。過了

幾年，他張開雙手比，誇耀自己釣到的魚有多長。現在這位
已具知名度的職業級釣魚高手，不再張開雙手比了，他只伸
開拇指和食指，吹噓著抓到這麼大的魚。

「好像不是很大啊？」我的話還沒說完，他立刻說：
「哦，那只是魚的兩眼距離。」我從未見過他釣到的魚，
但是那條魚就這樣「長大了」。

因此我建議初學者，**在沒有親眼看到之前，請不要輕易
相信。**

12 尊重別人
能改變運氣

不該為了高舉自己而對不在場的人不敬，
若對別人關心的事不感興趣，
那麼他的運氣也就到此為止了。

　　幾年前，我曾透過一家報社的記者從中介紹，認識了一名韓國著名的企業家。他的企業從韓國起家，更擴展到整個亞洲。他的生活充滿了熱情，在經營事業上非常精心又很有自信。雖然面對許多跨國企業勢不可當的進攻，卻也輕鬆地堅持了下來，我被他創新的思維和充滿自信的事業態度深深感動。但是隨著時間流逝，令我感到困擾的事逐漸增多了。

　　當他談論自己的事業時，眼神和口才一樣的生動，受到全場所有人關注，他也樂在其中。但是當別人談論另一個話題的時候，他就立刻顯出毫不關心的樣子。自己沒有主持話題的時候緘默不言，對他人的話題不表示興趣。而且在大家的談話中出現名人的名字時，他都帶著輕蔑的口吻說：「那個人啊……」

他稱呼歐巴馬、Carrie Lam（林鄭月娥，香港行政長官）、安倍或孫正熙等，一律都是「那個人」，他也如此稱呼他所有的朋友。不管對方是現任的部長、立法委員或他的晚輩、員工都一樣。顯然他是為了炫耀自己的事業領域和與人的交情罷了。

顯然，當我從那個地方離開後，我也會被他稱為「那個人」而已。最糟糕的是，他的話題焦點不斷圍繞著自己最近關注的高爾夫球，但全場沒有一個人在打高爾夫球。若有人談論有關植物園的話題時，他就把話題轉到那附近的高爾夫球場；若有人提到東南亞旅行，他會再次提起高爾夫話題；甚至有人提到郵輪相關的話題時，他也會把高爾夫扯在一起。也許他想在船上打高爾夫球，讓球飛滿天吧。

話語顯露心裡的氣味

他的熱情和經營事業的才華不再發光，雖然他的事業成功，但我想他可能不會有真正的好朋友，我真為他感到遺憾。恐怕那天出席的人當中，沒有一個人想珍藏他的名片。他不該為了高舉自己而對不在場的人不敬，若對別人關心的事不感興趣，那麼他的運氣也就到此為止了。

其實我敘述這故事是為了我自己。我的事業規模逐漸擴大，也受到老師般的禮遇，但我發現最近我也會用「他呀、那個人、

那傢伙」等稱呼，來炫耀自己與那些頗有名氣的徒弟間的交情。
我發現自己就連在私人的場合中，也像老師一樣很愛教訓人，
話也變多了，這真令我驚愕。我從他的表現中看到我自己的樣
子，於是我開始自我反省。

　　我相信這些瑣碎的事會改變一個人的人生和運氣，甚至連
經濟環境都會產生變化。**要變成自以為是的老頑固，或是愚蠢
保守的人，皆易如反掌，但是那一剎那，緣分、運氣、財富也
必消失。**

　　因此，已經成功的人要懂得自我檢視，而想要成功並維持
豐裕又穩定生活的人，則永遠不要學習這種輕浮的態度。要知
道尊重前輩和朋友，善待晚輩或學徒，人前人後都要始終如一。
少說話多傾聽，這樣的人會贏得人的熱愛和信任，而熱愛及信
任將會創造運氣。

　　人的心意表現在言談之間，若沒有情感，徒有理論和論點
而已，則無法感動人、改變人。我們不會因為人的能言善辯而
尊敬他，而是看見他的誠意。若是有誠意的人，即便彼此之間
的想法和意念不同，也會互相尊重。話語顯露人心裡的氣味，
透過人的言語就能聞到人心散發出來的氣味是惡臭還是馨香。
而幸運和幸福都願意跟隨馨香之氣。

13 重複的失敗是習慣

當人陷入自滿的那一刻，
會對完全不可能的事情充滿了確信，
相信運氣就是實力，將推測當作知識。

有些人做什麼都不順遂，例如好不容易準備開店，但下個月店鋪前面就要修路；走路扭傷腳踝或被詐騙；也常常發生汽車擦撞事故。大部分的人可能認為是運氣不好，但經常發生這種事的人，應該重新審視自己的生活方式。或許是因急躁的欲望，在沒有仔細確認的情況下就開店了，後來發現生意不如想像中的好，因此一邊擔憂一邊匆忙地走路，結果不小心被人行道破裂的地磚砸傷了腳。又因心煩意亂、粗心的行為釀成交通意外。這一切都有相互關聯，**不是因為運氣不好，而是讓自己一直暴露在倒楣的環境中，才會遇到這些不幸的事。**

如果這種事故頻繁發生，就該想想這些就是人生的警訊，在尚未發生重大事故之前，要先檢視平常生活的所有方面。經

常忽略的各種小事故，有一天可能變成重大的事故。要檢視自己是否亂花錢、是否有太多無用的因緣關係、吃的食物乾淨與否、是否按時吃飯、在家或在外態度是否一致、是否嘲諷或誹謗別人、是否常常口出惡言等等。

　　事情不順遂的人要少吃一點食物，不要吃太飽，要遠離重口味和粗糙的食物，要按時吃飯。光做到這些也能重獲好運，因為為了按時用餐，必須要有規律的生活，包含不需要見不必要的人。

　　這就是開始，若這樣做，相信身體會變得更輕盈。會想運動，因為走路或動的時候，想法會變得更清晰。這時才懂得分辨貪婪和欲望，而且才會看到時機。因此當大家動的時候，才能按兵不動。雖然獨自站在反方向，也能控制自己的恐懼。這時一些隱藏在因緣關係當中的真實朋友，也會浮現出來。從此開始，一切都會迎刃而解，健康、財富和人脈也會隨之而來。

重複的運氣是實力

　　相反的，有一些人平時總是有好運跟著他。他無論走到哪裡，都會抽到獎品。又很會猜拳，也能一眼就找到停車位。做生意也毫無困難、凡事順利。這樣的人與其說他運氣好，不如說他比一般人更敏銳、更聰穎。他將抽獎單對折後放進抽獎箱裡，把手伸進抽獎箱裡來回攪動時，摸到對折的兌獎券比平放的機率高。他觀察猜拳的時候，男人比較會出石頭，而女人出

剪刀的機率較高。所以和男人猜拳時他出布，與女人猜拳時就
出石頭，因此贏的機率就提高了。在猜拳的時候，他觀察對方
的手腕上有用力的筋，表示對方可能會出石頭。出石頭後輸的
人，下次出布的可能性很大；而那出布之後輸的人，再出剪刀
的機率較高。或許他是個沒事就熟練這幾條要領的人吧。如果
我們沒有察覺這些，就以為他是個運氣好的人而已。

這樣的人在經營事業方面，也很會找到符合時代潮流的項
目，而且很懂得脫身。好像不管做什麼都很順利，在別人看來
是運氣，但是從他的角度來看，是經過很多研究和觀察的結果。

這樣的人最需要注意的是，別誤以為自己是運氣好的人。
當周圍的人都稱讚他運氣好，而本人也如此相信時，就有可能
發生重大事故。因他**相信自己的運氣，所以大膽地嘗試一些不
確定的事，跳進盲目的投資裡。有時也會成功，贏得大家的羨
慕，但那些都與觀察和學習無關。運氣絕對不會重複，很可能
因一次的失誤而摧毀一切。**當人陷入自滿的那一刻，會對完全
不可能的事情充滿了確信，相信運氣就是實力，將推測當作知
識。所有情況皆順利時，會誤認為運氣就是實力，但運氣是不
規律的。

因此，無論我們是運氣好的人，還是運氣不佳的人，建議
大家都能常常定時定量吃健康的飲食。

14 透過新聞分辨 事實和投資情報

所有的人和企業都想確保現金，
因此股票買賣顯得有些魯莽。恐懼生出恐懼，
大家都在市場上拋售股票。幾個月前還充滿
自信的世界經濟，瞬間就崩潰了。

　　新冠肺炎病毒（COVID-19）於 2020 年 3、4 月，讓全世界陷入一片恐慌；美國道瓊指數由 1 月即將突破 3 萬點之際，瞬間重挫至 1 萬 8,000 點。大眾媒體每天總是忙著統計、發布各個國家的感染及死亡人數，全世界都在恐懼當中。所有的經濟專家也都在預測經濟大蕭條及各種暴跌的資訊，煽動恐慌，導致大多數的股票跌破了公司的資產價值。

　　因新冠肺炎病毒引發出很多的變動，從發行高收益（high yield）債券的公司破產開始，影響到優良企業的連鎖破產。2020 年 3 月份，美國失業率在兩週內達到 995 萬件，相當於 2009 年金融危機的 6 個月申請數量，是平常件數的 50 倍以上。

曾經失業率僅有 3.5% 的美國，現在已攀升到 17% 了。失業率的增加會使收入不均的情況更加惡化，美國黑人的失業率已被證實從 3 月的 5.8%，到 4 月急速上升為 16%。

瞬間崩潰的世界經濟

就業市場的惡化，將導致今後生產、消費、投資和實物指標等所有方面的惡化。不禁令人再次想起 1929 年美國經濟大蕭條的情形，被稱為先進國家的美國、英國以及歐洲主要強國，就這樣崩塌了。

這些國家不是先進國，只是強國而已。各國的應對和醫療體系簡直到令人失望的程度，國家的領導人遭感染時，立刻就把世界封鎖。雖然世界的經濟焦點都在美國，但美國卻在其中呈現出最糟糕的面貌。光是最大的城市 —— 紐約，感染人數就比中國多，甚至一天死亡人數高達 600 人以上。疫情爆發初期，川普總統充滿自信地炫耀他們最好的醫療系統，能將犧牲降到最低。

所有的人和企業都想確保現金，因此股票買賣顯得有些魯莽。恐懼生出恐懼，大家都在市場上拋售股票。幾個月前還充滿自信的世界經濟，瞬間就崩潰了。甚至以價值投資和長期投資聞名的巴菲特，他追加購買的航空公司股票，不到一個月也

因龐大的損失而賣出了。悲觀的專家們說，這次恐慌絕對不可能 V 字形反彈，也有人說是 W、L 或 U 形，眾說紛紜。

在恐懼當中看到的希望

　　事實上沒有人能預測未來，我決定只相信事實。在那恐懼當中，仍然有人看見希望，我很好奇他們的希望是什麼。3 月中旬恐懼達到頂峰時，我開始購買股票。其實我也很害怕，所以我用大約三分之一的現金資產收購，並且為持續下跌的情況做好防備。我在這場恐懼當中看到的希望，不是新冠肺炎病毒的累積總數，而是發生的比率和發生的期間。大部分的國家，在疫情達到高峰之後，下降趨緩的時間約為一個月。確診人數每天都在增加，所以總計圖表的曲線是上升的。可是發生比率是與前日相較，確診人數增加了多少，所以曲線圖是下降的。大多數的國家在疫情發生的初期都掉以輕心，因而導致疫情增加；當恐慌達到最嚴重時，開始呈現趨緩的模式。我注意的焦點是發生比率，而不是確診人數。若以發生比率作為基準，可以看見一旦過了最高點，新冠病毒就得到控制和趨緩。

　　比起目前的情況，市場更害怕這種不確定的景況，所以現在不能決定股票市場的未來。其實這是每個人都知道的事，但是並非每個人都看得懂那呈現事實的未來。我的投資是否會成功，數年後才會揭曉。但是有一個非常確定的事實，就是當道

　　瓊指數從 2 萬 9,000 點到 3 萬點之前，**大家都高枕無憂享受好景的時候，其實風險最大；而幾乎所有人都在巨大的恐懼中顫抖，形成拋售的時候則風險最小**。因為，如果道瓊指數再次跌到 1 萬點，要回升至 2 萬 9,000 點之前，那恐怖的 1 萬 8,000 點必先突破。

15 金錢流動的時間都不相同

錢會隨著金額和來源，各有不同的流動時間。
即便是相同的金額，根據它的來源，
時間流動也各不相同。

　　電影《星際效應》中，有一個時間流動不一致的場景。這個場景顯示，離開地球的太空船，經過蟲洞到達遙遠的銀河系時，在太空船裡度過的歲月只有兩年，但在地球上已經過了 23 年。相反的，也有比地球流動更慢的時間場景。這理論就是受黑洞影響重力場變強的地方，時間流動非常緩慢。

　　伽利略發表了相對論說：「所有的運動是相對的，等速運動的觀察者適用相同的物理法則。」但是科學家發現了「光的速度始終不變」的事實，於是相對論受到了挑戰。在搭乘火車時，若要算出對方的速度，需要對所有觀察者應用「加速度定律」的物理法則，但是計算光速時不能應用「加速度定律」。愛因斯坦發表了與這種矛盾性相反的「狹義相對論」（或稱特殊相對論），他證明靜止和移動的人，其時間的流動是不同的。

　　我們不談難懂的物理定律，簡單地說明，例如，當一個人墜入愛河或熱心工作的時候，覺得時間過得特別快；而坐在狹窄的飛機座位裡，幾個小時就像一天一樣漫長難耐。**對領薪水的人來說一個月很長，但對欠債的人而言，還錢的日子感覺一眨眼就到了**。我們常說年紀越大，時間過得越快。對 60 歲的年長者而言，1 年的感覺是人生的六十分之一，但對 6 歲的孩子來說，1 年的感覺是 10 年。無論人或世界，時間的流動都不一樣。

有時間的金錢豐富有餘

　　錢也是如此，它一樣受特殊相對原理的影響。它會隨著金額和來源，各自有不同的流動時間。即便是相同的金額，根據它的來源，時間流動各不相同。而且會隨著金錢的主人，流動的時間也不同；即使是同一個主人，也有在不同時間所獲得的錢。**時間充裕、緩緩流動的資金，雖進入同樣的投資當中，卻會安穩地等候其他資金到位；但是時間不足、急躁的錢如坐針氈，沒有時間結交其他的金錢**。要有充裕的時間才能結交朋友、談戀愛、生小孩，雖然是同一時期投資股票的金錢，有些錢是明年結婚的資金，有些錢則是下學期要繳的學費。最可怕的傢伙是從貸款舉債跟來的錢，這樣的錢像食人族一樣，啃食著本金且到處亂跑，甚至有時會突然衝出來，想吃掉本金和本金的主人。相反的，有些錢因為無確實落腳之處，所以打算就在這地方安頓過日子，領取 10 年 20 年的股息。

　　雖然在人眼中看到的是錢的額度，但這些錢在成長、製造以及尋找主人的過程中，都經歷了不同的環境。雖然流入同一個主人，有些錢的時間多，有些錢沒有時間。被主人擁有的金錢，它的時間也會隨著那位主人而改變，如果主人所持有的金錢是已經有很多時間的金錢，那麼新進的金錢也將開始有更多的時間。金錢大量的湧入，不代表新的主人就能給那些金錢更多的時間，除非那個人的品格比錢好。

　　遇見好主人的金錢會越來越豐富有餘，它會深思熟慮，將錢送到好的地方。它不急於追求成果，也不會為了生小孩而威嚇、糾纏。金錢會結識更安心的好夥伴，結出更多的果實。神奇的是，時間多的金錢所生出來的金錢，因為都是一樣的孩子，所以又會生出很多有時間的金錢。

　　沒錯，無論是誰，若不能領導時間充裕的金錢，那麼最後將被那些金錢所指揮。

16 雞蛋在不同籃子為何還是破？

分批購買多檔股票，等於將好幾個籃子放在同一個架子上，那架子最後還是會倒塌啊！

「不要把雞蛋放在同一個籃子裡」，這是投資格言中最古老、最著名的格言。其實這是出於義大利古老的諺語，有一位美國的譯者，翻譯塞凡提斯的小說《唐吉訶德》時，將「智者為了明天，懂得慎用今天，不會在一天內冒險所有的事」的名言意譯成此格言。之後，因著對分散投資的「投資組合理論」（portfolio theory）有所貢獻，獲得 1981 年諾貝爾經濟學獎的詹姆士・托賓（James Tobin），在記者請求他將此理論解釋成一般大眾能理解的語言時，他回答：「要根據風險和收益來分散投資。換句話說，不要把你所有的雞蛋都放在同一個籃子裡。」

從此之後，「不要把雞蛋放在一個籃子裡」，就變成了投資格言中最有名的一句話。因此塞凡提斯所說的人生哲學──

「不要在一天內冒險所有的事」，演變為在投資上降低風險的意思。也許這是農夫們從經驗中得到的教訓，就是農夫提著一個裡面裝滿雞蛋的籃子，跨門檻的時候不小心絆倒了，因此全部的雞蛋都破了。

投資最重要的原則

　　若分散投資各種項目，就能抵消相互的風險，也會降低危險度，這叫做投資組合（portfolio）效應。避險基金大師達利歐（Ray Dalio）說：「在投資中首先要做的就是有策略的資產分配，以防無法預測的未來。」他指出分散和資產分配是投資最重要的原則。

　　但問題出在將整個籃子放在一個架子上；從投資的概念來看，分批購買多檔股票，也等於將好幾個籃子放在同一個架子上，那架子最後還是會倒塌啊！

　　假設有一個人，他投資房地產就像投資股票一樣，將全部的財產只投資在公寓、土地、辦公大樓、商業租賃的建物等房地產上，這不能叫做分散投資。因為架子倒塌，那麼公寓、土地、辦公大樓和出租建物等也會跟著一起倒。一般傳統的投資有活存、定存、房地產、股票、債券、即期外匯等，**若認為在一個市場裡購買多樣商品，就等於遵行「不要把雞蛋放在一個籃子裡」的格言，那是非常危險的。**

有關十個項目的投資組合

良好的投資組合可使投資者保持「平常心」，以投資組合理論獲得諾貝爾經濟學獎的哈利・馬可維茲（Harry Markowitz）表示，保持平常心是成功投資最重要的因素。他說他也以 50 比 50 的比例，分散投資在債券和股票上。根據經濟學家梅爾・史塔曼（Meir Statman）的調查指出，由十個項目組成的投資組合，可以消除 84% 的突發性風險。

我將股票分散成十幾個項目，有投資債券、存款和房地產等。也就是將雞蛋放在不同籃子裡，如餐桌、架子、冰箱和書桌上。當然過多的分散也會使利潤分散，所以需要對各個市場有個別的研究。當我匯集資金的時候是做集中投資，當資產創造資產時，則是做分散投資。也就是**派遣出去做攻擊手的資產，就讓它只做攻擊一個傢伙的戰鬥性投資；而做防禦守護者的資產，就將它廣泛分散**。若是必須持守的資產，就不能通通放在架子上。慢慢地、一點一滴地賺錢，是最快累積財富的方法。

17 三種致富之道

請越早起步越好，如果從十幾歲或二十幾歲
開始培養觀察產業的眼光，也在職場生活中
不斷地投資，在 40 歲左右，
資本超越薪資所得的日子就會來臨。

　　致富的方式只有三種；分別是承襲遺產、中樂透或事業成功。若不是父母有錢，其中最容易達成的就是事業成功。中樂透的比率，比事業的成功率低很多。就算中獎，但因為這些金錢的性質不良，所以維持長期富有的機率也不高。

　　那麼剩下的只有事業，而事業成功的方法有兩種。首先是自己創業。創業需要有忍耐痛苦的勇氣，要付上所有一切，帶著拚死拚活、血淚交織的代價才能勉強成功。成功之後為了持守，一刻也不能掉以輕心。必須尋找創意，成立公司，尋求資本，勞動和管理並行才可。要得到消費者的認可絕非易事，當然如果能正當地成功，在我們的人生裡，我們自己就是一個完美的禮物。一生持有自我決定權，就是擁有自由，做自己想做的，不想做的時候就不做。

　　第二是騎在別人的成功上，站在贏的那一方。若騎在領先在前的馬背上，當後面的馬超前時，就迅速地改換馬騎奔，這樣做也沒有人會責怪。

　　這方法比直接創業更安全，可以從小就開始做，也能一邊工作一邊進行。有些公司經營順利，已經在某一個領域排名第一。他們將公司的價值分成數百萬、數千萬片，那每一片叫做股票，並且把那股票變成任何人都可以隨意買賣的股票。可以一張張的賣，也可以一年之內任何時候購買。可以到銀行或證券商，當場開立買賣的帳戶，也可以透過網路或應用程式來開戶。不必為了購買那公司的股票而聯絡他們，或親自去到那公司，因為大部分的金融公司都有代理此交易。

　　若持有這種公司的股票，公司越擴大股票的價值就越升高，每年或每季都能分配到股利。找到發展良好的企業、經營能力優良的經營者，並購買該公司的股票來匯集資金，比直接經營來得更容易。

　　但是從此開始，有些需要注意和努力的事。買了股票若上漲，則必須放棄賣出的想法，要有「股票只買進不賣出」的觀念。**所買的股票立刻上漲不是一件好事，應該長久慢慢地往上升，這樣才可以存更多的錢，更多擁有那績優股。**若是有股息的股票，可以一輩子不用賣出。

為何不應該賣股票？

如果你是該公司的創辦人或經營者，應該不會買賣該公司的股票。只要擁有一股，你就是股東，因此要懷著股東的心去研究和觀察公司。代表理事，即公司的總經理，是股東們委託經營管理的「雇員」。只要那雇員不是經營不當或讓公司的本質價值受損，就不應該賣股票。而且你要像公司的經營者一樣，閱讀、了解該公司的年度報告書、營業報告書、財務報表等，並且像總經理一樣傾聽消費者對該公司生產的產品所發出的反應和評價。

即便我說得這麼詳細，但我想沒幾個人會有實際的行動。可能因為不知道如何尋得好公司，或者經濟術語比想像中艱澀，所以阻擋了行動力。如果讀者的年齡在國高中以上，盼望從現在開始按照我所建議的方法試試看。

請從自己最有興趣的領域裡，找到發展最好的公司，並選擇在相關的行業中，市價總額最大的公司即可。在領域中排名第一是非常重要的，通常第一名不會破產，當市場發生危機時，因「大馬不死」（被追趕的大馬看似岌岌可危，但終有活路，不會死），所以反而會主導業界，擁有定價權。選擇業界排名第一的公司，根據自己的財務狀況，每月至少買一張股票。

買一張優良公司的股票

　　買進股票的本身就很重要，在不買股票的情況下做研究，與持有股票的狀態下做研究是完全不同的，看待企業的眼光本身就不一樣。一旦持有一股，就會注意相關產業的新聞或業界資訊，而且自動就了解了經濟相關用語。希望各位能這樣持續地籌集一年，股價下跌也沒關係。如果下跌就可以買到更便宜的價格，若上漲也很好，反而該擔心的是上漲太快。

　　我一再重複強調，最快致富的方法是慢慢地致富。結論就是那些堅持速成致富的人，只會成為讓周圍的人變富有的推力而已。按照這樣穩定地匯集 5 年、10 年的股票後，大家也能逐漸成為企業家。可以參加該公司的股東大會，拿到他們的工作報告，還可以得到一條印有該公司標誌的毛巾。因為是我們的公司，所以會使用這公司的產品，並介紹給周圍的人。每當產品一一銷售的時候，就要抱著其中幾百萬分之一是屬於自己的心態來觀察公司，因為你是股東。

　　股東就是公司的所有者，若秉持這種企業家的心態，便會產生觀看整體企業的眼光，也會了解該產業，並且對國家經濟、國家之間的利害衝突，以及整個金融市場產生關心。而且這些與政治也有關聯，所以你可以選擇為你的哲學和商業利益發言的政黨，並且以投票來參與社會。

　　請越早起步越好，如果從十幾歲或二十幾歲開始培養觀察產業的眼光，也在職場生活中不斷地投資，我想在 40 歲左右，你的資本超越薪資所得的日子就會來臨。那時你的同事們可能銳氣已減弱，但是你已經是自由的有錢人了。回顧自己年輕時，何等需要有人如此提醒我，想到就覺得自己實在很愚蠢。所以盼望各位從今天起立刻購買一張優良公司的股票。

18 為何存不了錢？

沒有投資的錢是死的，放在櫃子裡不動的錢，
等於吞了通貨膨脹的毒藥，慢慢的死亡。

　　無法存錢的人最大的藉口就是收入少、錢不夠用，但錢不
夠用的原因是寅吃卯糧，造成這種情況的罪魁禍首就是自己。
此刻流逝的時間，已經堆砌成過去，最後必須為現在和過去負
所有的責任。

　　有些人認 要用的錢多但收入不足，所剩無幾的錢要投資也
太少，所以根本存不了錢。但是這樣的人就算收入增加，還是
會說同樣的話。因為收入增加，花費也會增多，依舊刷信用卡
預支未來的收入。我看到很多人雖然收入非常高，或經營事業
賺了大錢，但用錢習慣依然一樣。可見這不是收入多寡的問題，
而是生活態度的問題。

　　除非貧窮到三餐不繼、居無定所，否則任何人都可以透過
積蓄財富及投資來成為富有的人。我敢斷言那些使用信用卡的
人、每次不小心遺失物品的人、看輕小錢的人、不儲蓄的人，

以及不懂得投資的人，絕對不會成為有錢人。這樣的人財富偶爾會登門造訪，但立即轉身而去。

剪掉信用卡

千萬不要把未來的收入挪來現在用，要剪掉信用卡，使用現金卡付款。不要想著信用卡公司贈送的點數，那不是信用卡公司白送的禮物。積點數的核心意義是「多使用、為累積點數而購買」，就是利用累積點數的優點，增加不必要的消費，以累積點數的方式吸引消費者購買，這就像殺雞取卵一樣。雖然現在現金不足，但仍可以用未來的收入購買想要的東西，加上還可以累積那少少的點數，以此打破了消費的戒心。

最常見的辯解為「反正那些東西早晚都要買，還能累積點數，這豈不是很聰明的道理？」但如果這邏輯是正確的，信用卡公司應該早就取消積點系統了。如果停止刷信用卡，從本月開始使用現金卡或現金來購買物品，會發現不必要的支出明顯減少，而且會看到更多的利益。為了累積價值 1 萬元的點數，就要有 100 萬元的消費，其中有幾十萬元是不必要的支出。使用信用卡真的是愚蠢的行為。

愛惜物品

還有不謹慎管理物品的人，也不會成為富有的人。他們把

物品或商品當作無生命的東西，隨便對待它。所有的東西都是生命的副產品，是由大自然的材料和人類的時間結合出來的，都出自生命。最好用漂亮的貼紙或標籤，將名字貼在長久使用或隨身攜帶的物品上。貼著物主名字的物品，瞬間就有了生命。即便遺失了，也會奮力地找到主人。物品帶回家裡之後，要放在固定的位置，使用後需要清潔或管理的物品，應立即擦拭以免損傷。偶爾使用或每逢季節才用得到的東西，應妥善管理，包裝整齊，防止沾染灰塵，以便隨時拿出來再用。財富會黏著愛惜物品的人，因為財富的型態終究是物品。

從小開始

　　小錢是大錢的種子，是變成資本的幼苗，所以隨便對待種子，不懂得照顧幼苗的人，無法養育出任何東西。**積攢小錢，預備種子基金，再慢慢創造投資或事業的「引水」，才是成功的基礎**。沒有打好基礎的臨時建築物，叫做組合屋，它無法蓋很大，風一吹就飛走了。所有的投資都是從小錢開始，從小額開始的投資經驗，會帶來大筆投資的機會。匯集到一筆資產之後，就要投資。沒有投資的錢是死的，放在櫃子裡不動的錢，等於吞了通貨膨脹的毒藥，慢慢地死亡。

　　那些被不了解投資或未有投資經驗的主人帶走的金錢，其下場不是孤獨死，就是見機逃走。現在就請各位把書闔上，拿出剪刀剪掉信用卡，這是成為富翁的第一步。

Chapter 2

金融文盲 的危機

01 拒當金融文盲

要有豐富的金融知識，收入才會增加，
也可以保護財產，因此可以說金融理解力的
本身就是一項了不起的生活工具。

　　2018 年，韓國銀行出版了一本《700 個金融經濟術語》的
冊子。目的是向國民傳達正確的經濟概念，提高他們對金融的
了解。總之就是幫助民眾在經濟方面能有合理的決策，相關文
件可到韓國銀行網站免費下載。這些術語是所有從事實際經濟
活動的現代人都必須學習的，我覺得這個教育應該編入高中的
正式課程裡。

　　以前住在農村的老人沒有受過教育，不認識字，所以常常
會請郵差幫忙讀他們兒子寄來的信。不識字的中世紀歐洲人，
也只能聽從神職人員讀給他們的聖經解釋和教導。因為他們看
不懂字，不知道如何直接與上帝溝通。不識字的文盲活得悲慘
又貧窮，電腦文盲也一樣。不懂得使用電腦和智慧型手機的方
法，不太容易找到工作，連外送的工作都不能做。因為外送員
為了處理業務，必須同時盯著好幾支智慧型手機，送貨只是他

工作的一部分而已。如果不會使用智慧型手機，在現今資訊世界裡，只能做較下層的工作。最近連和尚都會使用手機的通訊軟體，牧師也要懂得用臉書，才能與信徒們互動。

金融理解力是一項生活工具

　　除了不識字的文盲和電腦文盲之外，金融文盲也一樣。金融知識是關乎生存的問題，美國前聯準會主席亞倫·葛林斯潘（Alan Greenspan）說：「不識字的文盲導致生活不便，但金融文盲則導致生存癱瘓，所以更可怕。」金融文盲對於保護資產、增加資產，宛如城主守護倒塌的城牆一樣，別人要拿走他的財產，也無力保護，被奪走了也不知道。想把錢匯集起來，但因為不知道自己和對方的價值，所以每次都支付令人荒謬的價格，或者廉價轉讓。因此有時在現實生活中，無法擺脫比文盲或電腦文盲更悲慘的生活。

　　建造自己的城牆、保護自己的財產、將資產匯集在城內，這一切的金融活動都要從了解金融術語開始。

　　調查韓國成年人對金融的理解度，得到的結果是低於OECD（經濟合作暨發展組織）的平均水平。從各個年齡層的理解度來看，最高是三十多歲，其次按順序為四十、五十、二十、六十和七十多歲。月收入 250 萬韓元元以下的金融理解度是 58 分，月收入在 250 萬韓元以上 420 萬韓元以下是 63 分，而收入在這以上的則是 66 分。二十多歲和六、七十歲的人最容

易受到財務詐欺的影響,經常暴露在投資風險中,也是因為對金融的理解程度不足的緣故。有時收入越多,金融知識也就越多;但是要有豐富的金融知識,收入才會增加,也可以保護財產,因此可以說金融理解力的本身就是一項了不起的生活工具。不論男女老少,如果金融知識不足,就容易產生錯誤的投資或錯誤的金融決策,而這些決策會導致自己信用不良,或把自己推向貧窮,最後造成社會全面的問題。

理解金融術語

我從韓國銀行提供給民眾最有幫助的術語當中,篩選出九十幾個提供給大家參考。如果大家能理解其中八成以上的術語,並可以把它的意思解釋出來,那麼你就擁有了一道堅固的城牆,是完美的城主。如果是介於五成到八成之間,則值得肯定,但仍需要有更多學習再去投資。若在 50 個以下,而且一直以來都沒有關注這些,則需要停止所有的投資,先去搞懂這些基本的術語,一天都不能等,因為金錢正每天都往城外流出。否則無論如何努力工作,又忠心的站崗護衛都毫無意義了,你的勞苦和財產會精疲力竭,最後消失不見。請仔細閱讀以下術語,了解其中的含義,並標示出你能向他人說明的部分。

附加利率、景氣動向指數、經常收支、就業率、固定利率、痛苦指數、金髮女孩經濟(Goldilocks economy)、公共財、供

給彈性、賣空、國家信用等級、國債、金本位制、產金分離、企業上市、基準利率、關鍵通貨、機會成本、滴漏經濟學、短期金融市場、對外貿易依存度、代替商品、雙重支薪、經濟脫鉤、通貨緊縮、槓桿效應、到期收益率、小額信貸、既定成本、名目利率、穆迪公司、物價指數、共同基金、銀行擠兌、范伯倫效應、浮動利息、貿易保護主義、基礎貨幣、附加價值、債務擔保證券（CDO）、負債比率、滴漏理論（trickle-up effect）、大麥克指數、上市指數、指數股票型基金（ETF）、熔斷機制（circuit breaker）、期貨交易、所得主導增長、需求彈性、交換（SWAP）、股票期權（stock option）、鑄幣稅（seigniorage）、信用緊縮、附有認股權債券（BM）、有效工資、農業通貨膨脹（agflation）、可轉讓定期存單、量化寬鬆政策、現金管理帳戶（CMA）、美國聯邦準備系統（FRS）/聯邦儲備銀行（FRB）、恩格爾定律（Engel's Law）、反向抵押貸款（reverse mortgage）、存放款比率、選擇權、外匯存底、罷工、本金風險、流動性、雙重貨幣債券（dual-currency bond）、資本充足比率、自願離職、長短期利差、場外證券市場、可轉換公司債券、垃圾債券（junk bond）、零利率政策、股價淨值比（PER）、股價指數、租稅負擔率、每股盈餘（EPS）、中央銀行、保證金、控股公司、託收、懦夫博弈（chicken game）、同業聯盟（cartel）、認購期權（call option）、通貨交換（currency swap）、投資銀行、特殊目的實體（Special Purpose Vehicle，簡稱SPV）、金融衍生產品、貶值、票面利率、邊際成本、對沖基金、匯率操縱國、併購（M&A）。

產生更多富有的人

我們學習數學是先從四則運算開始，再學習九九乘法，進一步理解四則運算。學習英文也要先從學英文字母開始，包含大小寫字母都要背，這是起步。我們無法向任何人學習金融或經濟，沒有一個國家或學校有個體經濟的相關教育，原因很簡單，因為沒有理由非得要教。

這意思就像古時候不讓奴隸或奴婢認識字一樣，因為他們學會認字之後，便開始懂得深入思考，能整理記憶，看懂文件，所以管理者不會喜歡下面的人學習識字。經濟知識也是如此，經濟知識豐富的人，會讓資產家的地位受到威脅。

因為所有的投資合約會曝光，無法在股票或銀行交易中占優勢。但我相信隨著中產階級日益壯大，將會擴大國家安全網，發展出健全的社會。若自己變富有而其他人仍在貧窮當中，這看起來似乎很好，但是此國家的政治和社會的安全網會瓦解，最後還是上層集團的人包攬了這一切危險。因此最好的國家是中產階級穩固，任何人只要努力工作，都可以成為中產階級，並產生更多富有的人。

金融知識關乎生存的問題

為此，首先要做的就是從高中開始傳授個體經濟和經濟用

語。透過教學課程單單傳授經濟術語，就能創造出許多富有的人。目前學校教的課程當中，有助於經濟活動的教育只有會計學而已，但總體經濟學對個人的經濟生活毫無幫助。光學習經濟術語，年輕人就不會輕易負債，會懂得將收入的一部分拿出來投資股票或債券，學習企業家的精神，並參與財產形成的過程，成為充滿自信、備受尊敬的有錢人。

如果大家都能理解上面列舉的經濟術語，該是多麼令人讚嘆！如此一來，記者們就不能隨便藉著經濟發表偏向政治的報導了，而人們也不會糊里糊塗地買房子，或者在行情暴跌的市場中遭剝削。

所有的學習都是從了解術語開始，如果全體國民都能理解金融術語，任何政治人物都不會隨便對待國民，不道德的企業家將逐漸失去立足之地。金融知識關乎著生存的問題，我常在腦海中想像一個畫面，就是有一天在高中學校的教科書中，出現金融教育科目，從銀行或金融界退休的分行經理，全都成了老師。

02 靠股票獲利者的三個特點

在股票市場上，清楚知道股票和股票交易
來龍去脈的人，才能夠長期賺錢，
他們是非常了解市場功能的人。

　　從股票虧錢的人比從股票賺錢的人更多，這恐怕是事實。在所有的資產市場中，普遍的現象是輸家比贏家多，所以富翁少窮人多。尤其是股票市場，虧錢者較多的原因是任何人都能自由地進入市場，而且可以用小小的金額投資。

　　大家每年都說經濟不景氣，但在 2020 年 3 月市場暴跌中，韓國證券公司客戶購買股票的存款，是近 20 年來史上最大的規模。從 2 月底的 31 兆增加到 3 月底的 41 兆韓元，增加了將近 10 兆以上，逼近韓國年度總預算的 10%，以首爾的一棟公寓平均價格 8.2 億韓元來計算，此金額可購買 5 萬棟公寓。韓國人平均每戶家庭資產為 4 億韓元左右，這代表平均家庭中的 10 萬戶家庭，其全部的資金正在等待購買股票，可見規模之龐大。

存摺裡的錢如冰淇淋一樣地融化

但是這些資本並非都能獲利，其中有許多人會虧損，只有一部分的人能創造出利潤。會虧損的人特徵如下：

第一，他們只是跟著進入股市。第二，沒有購買的計畫。第三，資金的力量薄弱。奇怪的是，他們積攢財產的時候，像對待兒女那樣的愛惜、觀察，但投資的時候，卻像參加團體旅遊一樣只是跟著走而已。靠血汗賺來的錢，就這樣付諸流水了。

他們聽說這是股市百年不遇的機會，就想一口氣把所有的錢都集中起來，急忙地丟進去。一個月前從未想過股票，現在竟毫不畏懼地投入大筆金額。

沒有計畫、不做研究，全部的知識來源只有從財經頻道聽到的「高股息股票」和「認養股」，就憑這些消息便心急如焚、迫不及待地欲將全部的財產投入其中，比去挑別人的狗糧都沒誠意。像這樣在一天或一兩個小時內，就倉促地決定投資項目的人，只要有人在他耳旁嘀咕一兩句，便立刻把錢拿出來。

這樣的人當股價上漲一點，若賺了一年的銀行利息，便開心不已；但是當股票上漲更多時，等待的途中卻按捺不住只好跟著做；若股價又再下跌一點，就嚇得趕快停損賣出。**起初的想法是如果股價跌至賣出的價格以下就買進，但是一旦下跌，想買也買不到了。**

　　這樣的人不僅不會投資，連投機都不會，他們只是在扮演支付證券商手續費或增加交易量的角色而已，或者眼看著存摺裡的錢如冰淇淋一樣地融化了。而且這些積蓄的錢當中，有些是下個月要繳的大學學費或明年的結婚資金等。若用借來的錢做股票，甚至用兩三倍的槓桿原理來購買商品，那簡直就是與身後藏著刀子的勒索犯一起工作。若參雜了這些錢，最後連本來可以用來投資的錢也受到影響。

股票明天會上漲嗎？

　　猶如在一箱地瓜裡，只要有一顆爛地瓜，就會散發出惡臭，然後開始擔心整箱的地瓜一樣。因此就會向周圍自稱專家的人討教：「在支撐線上是否會有技術性反彈？明天股票會上漲嗎？」等類似愚蠢的問題，又聽取愚蠢的回覆，因為太心急了。

　　以這種方式應對股市的人，絕對無法從股票中賺到錢。即便偶然賺到了錢，那筆錢也會再次流入股市，最終與本金一起消失無影。股市對於將它當成賭場的人，會給予冷酷的懲罰，並沒收他們的財產。在股票市場上，清楚知道股票和股票交易來龍去脈的人，才能夠長期賺錢，他們是非常了解市場功能的人。發行股票的理由是，成立公司的人無法自己一個人募集所需的資金，必須靠許多人共同募集，而股票是按照那投資金額分配的保證書。

起初該證書只是單純制定分配價值的紙張而已，但中間會出現一些人想買賣該紙張上面所記載的權利。隨著買賣的人增加，為了讓大家在一個地方和指定的時間交易，而設立了證券交易所（第一家證券交易所：阿姆斯特丹證券交易所，1602年由荷蘭東印度公司設立 / Verenigde Oostindische Compagnie, VOC*）。就是以共同投資來創立公司，並獲得股票分配，對公司抱有不同期望的人，在這期間買賣該權利。

*註：在阿姆斯特丹建立。目的是在印有 VOC 標誌的股票和債券上交易。

成功投資者的三個主要特徵

投資股票成功的人，具有三個主要特徵。

第一，他們將自己當作經營者。認為這是與別人一同集資所成立的公司，所以想仔細了解公司的本質。他們非常了解那是什麼樣的公司、會做什麼、又如何經營等。會密切查看會計帳簿和年度報告書，並懷著與經營者相同的心態，來了解公司在市場上的角色。他們把公司當作自己的存在腦海裡，不會被別人的評價或憂慮動搖。

如果我是經營公司的老闆，就不會聽信周圍人的謠言或專家的意見，賣掉自己的公司或放棄經營，我們在投資上也應該有同樣的態度。買進時相信自己的判斷，要抽離也是根據自己的判斷，不會隨著股價的變動而來回徘徊，因為他們知道水果要成熟是需要時間的。

第二，他們保有的金錢是優質的。成功人士的資金堅如磐石，這筆錢不會盤算立即的去向，長久安然地留在原位。這些錢聚集在一起，只打算一輩子扎根安居，並且只提供叫做「分紅」的餐食。當然也具有強大的凝聚力，不被欺生或威脅而屈服。有時那些錢還會在它自己的位子上當起主人，直到產生利潤 止，總是懂得悠然等候。

第三，會等待時機便宜買進。一個真正的投資者，不是清楚賣出的時機，而是買進的時機。買的時候便宜買進，賣出就更加容易了。能便宜買進很難，更何況是低點買進好股票。所以在**選擇一個將會大獲成功但還在成長的公司時，必須要有長久忍耐等候的勇氣；而且要有勇氣在恐懼當中買進股價一下子暴跌的股票**。當恐懼蔓延時，再績優的股票也能以低價買進。對他們而言，暴跌或蕭條反而是一種好景氣。這樣的投資人一生都會從股市中獲得美好的果實。

仔細想想，幾乎世界上所有的企業，都是以股份公司的型態運作，並年年成長。但為什麼大家將股票市場視為合法的賭場，或者是一場零和賽局呢？如果你之前在股市中只有賠錢，也沒嘗到什麼甜頭時，則請先自我審查一番，以上成功人士的三個特徵當中，是否有任何一個特徵符合自己。我想應該沒有。這樣的人即便與成功人士一樣，以同樣的價格買進同樣的股票，結果還是會賠錢。

真正的投資者，不會勸自己的親戚或朋友投資，或者給他們建議，因為他們知道反正退場的時候不會一起出來。

總之，**完全以自己的資本、相信自己的人，才能在股票投資的市場中獲得成果。**

03 賺多少才算真正的富有？

有自信的人，雖有錢，也隨時可以購買
名牌精品，但不會堅持必須擁有。
他不需要用炫耀財富來提升自己的自尊，
所以不會一定要戴高級名錶或拿高級名牌包。

　　按一般國際標準，百萬富翁是指擁有金融資產 100 萬美元
（10 億韓元）以上的人。根據 KB 金融控股經營研究所發表的
「2019 韓國富豪報告書」結果，擁有 10 億韓元以上金融資產的
富豪有 32 萬 3,000 人，占全體國民 0.63%。資產結構方面房地
產占 53.7%，金融資產占 39.9%。

　　將上述比率與一般人的房地產 76.6%，金融資產 18.9% 的
資產結構相比，就可看出富豪的金融資產比重，高於一般人兩
倍左右。在他們認為的「富豪標準」中，最高的金額是 50 億韓
元以上（27.7%）。總資產不到 30 億韓元的情況，有 70% 的人
不認為自己是富翁。在一般國民眼中，擁有 25 億韓元以上財產
就是富豪，但真正的富豪認為要超過 100 億韓元才算。擁有 80

億韓元以上的人當中，有 20% 的人也不認為自己是富豪。財富的標準是非常相對的，所以韓國的富豪，有一半不認為自己是富豪。

富豪增加財富的方法

　　這些韓國富豪，大部分是以營業收入（47%）和房地產投資（21.5%）成為富豪的。他們經營事業賺錢，將資本盈餘投資在房地產上，並且每月儲蓄 500 萬韓元。他們增加財富的方法就是儲蓄，平均儲蓄 12 年，創造出 5 億韓元種子資金作為投資資金。創造此程度資金的平均年齡為 44 歲，這些資金主要投資在房地產（61.6%）和金融資產（35.1%）上，但資產運用的核心目的主要是維持現狀，因為知道守財不容易。

　　但是我認為一般富豪的標準有三個：第一是擁有屬於本人的無貸款房屋，第二是超過韓國家庭月平均收入 5,411,583 韓元的非勞動收入。

　　如果一個人住在江南區價值數 10 億韓元的公寓大樓裡，年薪上達億元，但有一筆貸款，需要從工作中獲得收入，就不能算是富豪。我認為一個人雖然發生某種經濟問題或身體受傷，但有屬於自己的房子，還有平均所得以上的收入之保障才是富翁。如果想要擁有 500 萬韓元以上的非勞動收入，則必須將 20 億韓元以上的資產投資在房地產或金融資產裡面。

　　第三是能克制欲望。這條件是**一個人必須成為自己生活的主人。**

　　財富是相對的比較，無論有 50 億還是 100 億韓元，只要與別人比較，就認為自己並不富有，這就是人。雖然有 100 億韓元，但是站在有 200 億韓元的人面前，可能會覺得自己很寒酸，而面對 1,000 億韓元的人，就顯得更是自卑了。

創造一個「不再需要工作」的環境

　　這種人不管賺多少錢，總是覺得貧窮。雖擁有數萬億財產，但是若站在比爾・蓋茲或傑夫・貝佐斯（Jeff Bezos）面前，可能還是覺得自己很寒酸。要有自我人生哲學和自信，才不會與人比較。有自信的人，雖有錢，也隨時可以購買名牌精品，但不會堅持必須擁有。他不需要用炫耀財富來提升自己的自尊，所以不會一定要戴高級名錶或拿高級名牌包。如果必須擁有豪宅、高級房車、名牌精品以及享受豪華美食，才能提升滿足感，那麼最好一輩子都不要遇見比自己更富有的人。

　　結論是創造一個「不再需要工作」的環境，才是成為有錢人的第一步。所謂不再需要工作的意思有兩種：一個人完全離開工作職場，但是還會有收入，而且他的精神和思想是自由的，不需要和別人比較。意思就是肉體和精神兩者都得自由才是富

有的人。若住在鄉下一間屬於自己的小房子裡，非勞動收入高於鄰里的平均水平，而且對那收入感到滿足，這就是富有的人。

我的經驗是，當我們真正成為有錢人時，有時候會忘記自己擁有多少錢。因為無法測量所投資的資產或公司的價值，如果想知道自己的資產規模，還要尋求他人的幫助，也不清楚銀行帳戶裡有多少錢。現金性的資產也隨著每分每時的股價而變動，吃頓午餐的時間，就消失或增加了一棟房子，這代表你已達到無法與別人比較的情況。

所以我認為**清楚自己現在有多少財產的人，其實並不是有錢人。有錢人不能根據金額的標準來衡量，因為有錢人是不需要再賺錢的人。**

04 守護財產 所要做的事

我會花很多時間蒐集、區分和了解資訊，
學習和蒐集資訊都不能懈怠。

　　我已經不需要按時到公司上班了。我透過董事會來參與、管理我所擁有或持有股份的各個公司，所以除非有董監事會議，我都在家裡工作。除了和我一起工作的幾名總經理之外，直接受我指示的職員有常駐在韓國和美國的兩名執行祕書而已。除此之外，平常也與律師、會計師、財務管理師和幾家主要往來的銀行財務經理們商談工作。

　　我認為內容冗長又細密的報告書是為了撰寫報告用的，所以我請每位總經理每週一次，提出兩百字左右簡單的文字報告，幾乎沒有聚集或碰面。若有總經理每次做決定時都來詢問我，我認為這代表他沒有能力或資格勝任此工作。只有三種情況我才會參與各個公司，如申請到增資或者想要進入其他事業群的時候，以及總經理任職或罷免的情況。

　　若非這三種情況，就沒有理由必須參與，也不想參與。因此與事業規模相比，我擁有相當多的自由。然而我太太對我的觀察是，我說好要在安息年時歇息不工作，但我還是一天到晚工作。於是我仔細地記錄了我所做的事。

我所做的事

　　首先，早上起床確認我的信箱。我有四個信箱，如果都是工作上的請求或結算，我要立即做決定。不需要的郵件或廣告則立刻刪除，我不喜歡看到信箱像書桌或抽屜一樣凌亂。所有的信件讀完之後，我都當場刪除或立刻回覆。我的學生或粉絲們的信件則收集起來，每一兩個月回覆一次。若不立刻處理這些信件，又會有信件進來，最後會變成像網路聊天一樣，造成我的負擔，這是我從處理信件中得到的智慧。

　　確認信件之後，便進入網站按照順序瀏覽新聞，其實這順序沒什麼意義，只是隨著視野的擴展，就變成一種習慣了。瀏覽的順序大致如下：首先從《紐約時報》開始，其次是《華盛頓郵報》、《華爾街日報》、CNN 和 Fox News 等美國主要新聞和新聞頻道；再來就是透過英國的《金融時報》、《泰晤士報》、《路透通訊社》，以及《EIN 世界新聞報導》（EIN World News Report）瀏覽俄羅斯消息；又轉到日本的《朝日新聞》、《讀賣新聞》和《日本經濟日報》瀏覽，最後瀏覽一遍

Yahoo Japan 網頁。再從日本出來去瀏覽中國的《環球時報》和《人民日報》之後，有時也去翻閱中東的《約旦時報》，又到歐洲瀏覽一遍法國的《世界報》和《費加洛報》，再看看德國的《明鏡周刊》、《世界報》、《法蘭克福匯報》。

每天要瀏覽的世界

如此環繞世界一圈回來，再看休斯頓地區的《休士頓紀事報》之後，再看幾家韓國的新聞；這是我每天瀏覽的世界。每當觀看這些新聞時，總是努力地瀏覽一個以上的相關報導，因為每一家新聞報導都有自己的論調或政治傾向，所以看事實的角度不同，所關心的也不一樣，如果只關注一個地方可能會太偏頗。近來因 Google 或 Papago 的翻譯都很通順，所以不管哪一種語言，都可以透過翻譯來了解其中大致的內容。按順序瀏覽全世界的新聞消息之後，就轉移到經濟網站。

我沒有按順序瀏覽經濟網站，因為中途若出現一些消息是有關我所投資的公司或持有股份的公司時，就需要到處尋找相關消息。最先要去的地方是雅虎財經（Yahoo Finance），這裡有許多一般的投資資訊，是雅虎最受歡迎的其中之一。我會收看 CNBC（消費者新聞與商業頻道）、Bloomberg（彭博社）、Market Screener（市場篩選），確認隱藏在 CNN business 的 Fear & Greed Index（恐懼與貪婪指數），瀏覽美元指數走勢

圖之後，再確認倫敦布倫特原油的價格，瀏覽 investing.com、dividend.com、finviz.com 網站後，到美國聯邦儲備理事會的網站確認是否有新消息，若對財務報表有疑問，就到 marketbeat.com，若對機構投資者的動向有疑問，則到 whalewisdom.com。我也會在 tipranks.com 和 seekingalpha.com 等網站研究各個股票，進入霍華‧馬克斯（Howard Marks）所經營的美國橡樹資本管理有限公司（oaktreecapital.com），查看是否有霍華的留言。最後是 barrons.com（巴倫周刊），進到韓國財經輿論網裡面，按順序瀏覽上傳的資料或 Paxnet 及 Naver 金融，就結束了一天的主要工作準備。

房地產要持續追蹤觀察

如此瀏覽一遍要花費兩個多小時，接下來我悠閒地喝一杯咖啡，然後再去其餘的網站走一遍。我幾乎每天都會瀏覽 loopnet.com 網站，這是美國最大商業房地產銷售網站。我每天都在這裡確認我感興趣的城市所有的待售房產，特別要追蹤並確認我現在居住的地區，或者是我有房產的地區，如休斯頓、洛杉磯、紐約等地的所有待售房產。

我會一年購買一、兩次房地產，所以要持續追蹤觀察才能知道價格的變動和趨勢。因為房地產和股票不同，價格的形成過程不明確，所以要不斷比較和追蹤才會產生概念。

　　現在我才開始到個人感興趣的網站，我會各選一個美國和韓國的幽默網站，以及博覽會網站、亞馬遜、Netflix、韓國網路書店、Facebook、Instagram 等，如此繞一圈結束上午的工作。我每天都做這些事，以從中獲得的資訊或資料為基礎來決定事業的方向或投資決策。每天瀏覽這些地方，若發現更好奇的部分或相關的書籍，就會立即訂購閱讀並彙整。不管是什麼，都會將它建檔儲存，並列印後放進文件夾裡。將有關持有股票資訊、房地產買賣資訊、年度報告書以及一般股票資訊等，用正式的標籤貼在文件夾上，按照項目區分，將它存放在座椅後面明顯的位置保管。

　　我會花很多時間蒐集、區分和了解資訊，學習和蒐集資訊都不能懈怠。我會上 YouTube 聽年輕講師的演講，也聽聽有權威的專家意見。對於賺取、匯集資產和管理方面，我誰都不相信，我只相信自己，因此我需要不斷地搜索各人的智慧和資訊。其實每天早上的這些例行工作，我幾天不做也不會破產，也許有一兩個月不做也沒關係。但**如果有半年或一年不學習或忽略它時，就被投資市場逐漸淘汰，我的判斷力也會變得模糊，突然倒退，可能有一天會瞬間崩潰**。我每天把腿放在書桌上，斜著身體，或者讓趴在桌子底下的狗，舔著我的腳趾進行每天早上的工作。

　　我太太說得對，原來我仍在工作。

05 貧窮
比想像中更殘忍

不相信自己能成為富有的人，則一定不會
變富有；而相信自己能成為富有的人當中，
一定會出現富有的人。

　　現代人把人生的價值看得比財富的積蓄更重要，我也認為
人生的價值很重要。但是發出此心聲的人，必須經常檢視自己
的真意。通常會說這種話的人，大概有以下三種原因：第一，
不清楚有關生活價值的標準。第二，不知道貧窮的可怕。第三，
自己沒信心成為富有的人。

　　很多人說比起金錢更希望擁有自由，因為必須有自由才可
以維持人生的價值。但是要有龐大的金錢，才能在現代經濟社
會的框架內享受自由。只是有一個穩定的工作還不夠，企業界
變化莫測，沒有一個大企業能看到未來 5 年的發展情景。追求
人生的價值不是當下的事，而是透過整個人生才能達成。因此
我們有責任利用現在，為自己未來的剩餘時間做資源分配。

　　雖然我們自己滿足儉樸的生活，但我們的家人、配偶和孩子們的人生價值可能會不一樣。我們不應該將自己的人生價值強施於其他家人，也許他們希望的人生價值是豐富、購物和美食。我們有撫養的責任，就不能忽視家人的這些需求。

不能鄙夷財富

　　沒有經歷過貧窮的人，根本想不到貧窮的可怕。心靈的貧窮可以藉著冥想和讀書來彌補，但是經濟方面的貧窮，會讓人漸漸失去善良的意志，甚至僅剩的一絲尊嚴也會被貧窮奪走。貧窮會讓人既沒有禮節，也喪失品德。若一個人三餐不繼或風餐雨宿，便無法維護人類基本的尊嚴；若有負債更是度日如年、日月如梭了，因為肚子每天都飢餓，而還債的日子每月都會來。

　　另外，貧窮會使家庭的根基解體。窮困的時間久了，反而會心生貪婪、累積怨恨和憤怒，最後危害健康。生活艱困的人，很難維持內心的悠閒和平靜，也比較難以擁有客觀的觀點，因容易受傷而增加不滿和抱怨的情緒，以致人際關係破裂。**比爾‧蓋茲說：「用浪漫或謙虛來掩蓋貧窮是非常可怕的，生於貧窮不是罪，但是死於貧窮就是錯。」**

　　成為有錢人的第一步方法，就是相信自己可以變成有錢人。我們可以鄙視某些有錢人，但不能鄙夷財富。當然並非相信自

己能夠成為富有的人，就一定能富有，但我認為不相信自己能成為富有的人，則一定不會變富有；而相信自己能成為富有的人當中，一定會出現富有的人。

　　因為那信心會促使人思考、付諸實踐，願意披荊斬棘，開闢道路。因為要實行所以會儲蓄，有思考所以開始尋求學習，想要挑戰自己所以努力工作。其實要成為千萬富翁或億萬富翁，光靠努力是行不通的。那是與生俱來的天賦和時代環境，以及運氣結合在一起時才有可能。但是任何人都可以靠努力到達百萬富翁，憑著誠實、節制和不斷的努力，最快可在四十多歲，最晚五十多歲就能成為百萬富翁。

　　貧窮比想像中還要殘酷，而富有比想像中還要幸福。

06 金融危機 爆發後的三種人

在這種暴跌市場中，會形成巨大的財富移動，
使窮人的錢流向富有的人，
猶如水不會逆流而上一樣，因而富者更富。

當股市持續呈現「牛市」（bull market），許多人湧入貪婪時，無論市場的實際價值如何，股票會持續上漲，因而產生「盲目購買市場」的匯率過度反應現象（overshooting）。但是如果情況持續下去，股市必定因泡沫破滅而崩盤。這時機必然來臨，這是自然的原理，只是不知道是什麼時候。

就像大家雖然知道當落葉紛紛飄落的時候，就是秋天過去冬天到來，但是所有人都想這個冬天應該不會來臨一樣。然而有一天毫無預警的突然降下了暴雪，於是產生同時大量拋售的現象（undershooting），造成股票大暴跌，最後落入空頭市場（熊市）。

暴跌市場中三種類型的人

　　通常如此大規模的暴跌市場，大概每 10 年造訪一次。但是真正發生後，無數的專家才出來解釋為什麼會發生這種情況，由此可見似乎沒有人知道具體的原因。在這種暴跌市場中，通常會有三種類型的人：

　　第一類是完完全全遭受損失的人。這樣的事件看似造成在金融市場投資的人很大的影響，其實那些許多生活平凡的人是直接的受害者。雖然從未投資過一張股票，但仍然受到影響。

　　金融資產與所有的企業都有關連，股價暴跌會導致公司的業務萎縮，失業率上升，實體經濟迅速降溫，所有人的收入都會縮減。收入縮減會造成房地產停滯，房地產下跌又導致融資回收，而負債的人將被追討還債。股票它自己漲了又跌，跌了又漲，上上下下，但受害的卻是我們。理由只有一個──負債。因為負債，所以其他人的資產變動，會造成我們資產的變動，其影響一覽無遺。

　　第二類是完全不受此暴跌影響的人。他們沒有負債，而且工作穩定。對他們來說，股票市場暴跌的新聞，只是那經常高喊不景氣的某部分人所發出的喧嚷罷了。他們覺得反正暴跌的影響最快一年，最晚幾年之內便能全部解決，彷彿什麼事都未發生似的，股市會重新回升不必擔心。他們會如此平和是因為沒有債務。

　　第三類的人比較特別，他們是在這種情況下，仍然獲利的資產家，他們將這種狀態視為難得一次獲得數年資產的機會。在這種暴跌市場中，會形成巨大的財富移動，但是這種大移動，會使窮人的錢流向富有的人，猶如水不會逆流而上一樣，因而富者更富。

樂觀資產家的行動

　　然而並非每個有錢人都能從中受益，當人陷入絕望、在恐懼中顫抖，將所有財產拋售的時候，這些人反而走向黑暗。而有些人知道當風險變最大，以致無人購買，形成大量拋售的狀態，反而是風險最小的狀態，因而付諸實際的行動。這時到處充斥著關於景氣最極端的輿論，儘管如此他們仍然不會停止投資，他們是樂觀主義者，相信產業和經濟的根本價值，相信世界終會前進。他們的野心每次都讓他們成功，而且這樣的成功方式已經持續了數百年。時機一旦來臨時，都是悄悄地不易發現。而當股市情況整頓好時，樂觀主義的資產家們早已建造更高的房子了，這就是他們如神似的領導世界的方式。

　　有顆巨石從山上滾下來，有被石頭砸死的人，也有逃過一劫的人，更有把石頭拿去賣的人。最大的財富移動每次都是這種方式。

07 成為年輕的 有錢人

成為百萬富翁並沒有想像中的難，
致富的最快方法，就是放慢腳步。

　　在我們父母那一代，儲蓄是最好的投資。每戶都有好多本存摺，幾乎沒有不儲蓄的。1971 年 7 月，當時韓國信託銀行公告的利率 25.2%。80 年代也持續這利率，1991 年隨著利率的自由化，便下降到 10% 左右。韓國銀行最高存款利率紀錄，曾達到年利率 30%（1965 年 9 月）。

　　如果在 1971 年以複利存了 100 萬韓元到現在，則足足高達 2,600 億韓元，是很值得儲蓄的。所以至今仍有許多老一輩的人，還是知道儲蓄是最正確的。那些剛踏入社會開始有收入的年輕人，也是先以存錢或把錢存入銀行來開始進行金融投資。這是慣性。

　　但是現在不可能再靠儲蓄致富了，不僅不可能，還會造成損失，扣除約 2% 的物價上漲率和 15.4% 的利息稅，實際上本

金是縮減的。因為現在銀行支付的利息為 1.75%，所以**在儲蓄的那一刻，錢就開始消失。**

儲蓄是致富第一步

定存也相差無幾，雖然偶爾有吸引人的 5% 左右利率，但僅限於小額或前面幾個月的優惠，這些大部分都是廣告商品。**單靠儲蓄不會成為富有的人，但儲蓄仍然是致富的第一步。**要成為富有的人，則需要種子資金，而必須利用銀行才能存到這種子資金。若能機靈地利用儲蓄銀行或農會金庫，便可以找到利率 3% 以上的商品。當然銀行也有可能倒閉，所以本金最高保額必須在 5,000 萬韓元再投入儲蓄。

財產是「資本 × 投資利益率 × 期間」的總和，也就是用多少資金，以多少的利益率，存多久的時間。如果想存到 10 億韓元的財產，只要將第一筆的 1 億種子資金，以 10% 的利潤，在 25 年期間以複利堅持不懈地累積就能達成。假設我現在 30 歲，到 55 歲時就會成為富翁。

如果現在是 30 歲，將致富的目標設定在 45 歲，那麼每年就要有 16.5% 的複利利潤。若現在是 25 歲，用 5,000 萬韓元 16.5% 的利潤一直到 45 歲，便能成為 10 億韓元的資產家。越早開始越有利。在 25 歲存到 5,000 萬的種子資金是不容易，但要連續 15 年以上支付 16% 以上的利潤，更不是件容易的事。

$$資本 \times 投資利益率 \times 期間 = 財產$$

年輕也能成為百萬富翁

假設我把現在的所有經驗與知識帶回 25 歲時，我是不會以將錢存在銀行的方式來籌備第一桶金。我寧願從每個月的薪水中拿出 50 萬韓元左右，購買韓國最大公司的股票。不管股價上漲或下跌，我會在每個月的同一天購買 50 萬元股票累積起來。

若以市值最大的公司來說，目前是三星電子，但若有一家公司的市值超越三星電子，我便轉換到該公司，並繼續做相同的投資。如果回到 15 年前，每月購買 50 萬韓元的三星電子股票，那麼現在的總價值高達 5 億韓元左右。但是若將這些錢存在銀行裡，也只有 1 億韓元多一點。以這種方式想成為 10 億韓元的資產家，我想也許到死之前都不太可能，因為要存到95歲。如果目前擁有價值高達 5 億元的三星電子股票，那麼在短短幾年內變成 10 億韓元的可能性就很高。再加上股息分配，所以不必每個月再投資 50 萬韓元。

這就是**雖然年輕，也能在一個穩定工作的情況下，成為百萬富翁的方法**。儘快開始實行就可以，因為在這公式中最重要的變數是投資的時間。成為百萬富翁並沒有想像中的難，我再說一次，致富的最快方法，就是放慢腳步。

08 所有智慧始於基礎學問

一個年輕人想要學習事物的事理，
以獲得世界至高無上的真理，
他所要做的第一件事就是學習。

投資的成功是知識與智慧結合，沒有智慧的知識會讓人變得傲慢，沒有知識的智慧則徒勞無功。知識是對於某個對象或情況，有明確的認識和理解；智慧則是對於某種現象或事物的領悟。無論哪個領域的名師，他們的智慧和知識的水平皆與一般人不同。仔細聆聽音樂家、運動員、藝術家的想法，發現每個人都有一套達到某種境界的自我哲學。

有趣的是，不管在哪個領域達到最高水平，所擁有的哲學觀點皆相似。無論多高的山，都可以從四面八方爬上去，但是一旦到達頂峰之後，必然會聚集在幾乎相同的地方。所以我們可以看見，那些成功的大師們，大部分都有類似的哲學。讀投

資大師們寫給股東的信或他們自己所寫的書籍，會覺得好像讀的是同一本哲學書。他們會解釋有關股價的波動和政府債券的利率趨勢，其實是用數字來呈現人類的慾望和挫折罷了。

第一件事就是學習

一個年輕人想要學習事物的事理，以獲得世界至高無上的真理，他所要做的第一件事就是學習。35 歲成為佛陀的悉達多（釋迦牟尼），也不是只停在菩提樹下繼續悟道而已。起初他拜婆羅門苦行者為師，進行禁食和打坐等各種苦行，也從婆羅門教的修行者那裡學習瑜伽。後來釋迦的父親終於意識到他兒子並不想繼承自己的王國，於是派了 5 名老師來教他的兒子 6 年功課，他等於接受了 5 名大學教授的課外輔導。

耶穌的〈登山寶訓〉被譽為他教誨中的經典。1947 年，在以色列和約旦之間死海附近的昆蘭洞穴中，發現了猶太教艾賽尼派（Essene）的古文獻。猶太支派中的艾賽尼派是重視禁慾、公義和敬虔的支派。這是當時為了躲避掌權者撒都該人和法利賽人的迫害，而將這些文獻藏在山洞裡面。這份古文獻包含了耶穌的〈登山寶訓〉。此外，在初代教會的組織和用語當中，還遺留著許多艾賽尼教派的痕跡。這些文獻是在耶穌出生前 150 年寫成的，由此推測耶穌曾接受過艾賽尼派的教育，耶穌並沒有獨自做木工自學。

獲得智慧的方法

這些達到神境地的人都需要學習，更何況我們。學問是我們獲得智慧的器皿，想要盛裝智慧的聖水，就需要帶著器皿去。或許我們覺得像英文和數學之類的學問，對獲得智慧有什麼幫助？其實學習另一種語言，就是把不同的文化全部納入我們裡面；而學習數學是以一般人都能接受的型態來理解人類社會的價值體系。

學習基礎學問是一件枯燥乏味的事，因為有很多必須死背的東西，但是若跳過這些必須背的過程，就沒有獲得智慧的方法，因為所有的智慧都要用語言和文字來表達、解釋。**要成為投資大師，就必須精通語言和數學，這樣才能了解世界和事業。**

一個人經歷如此長時間的成功和失敗後，才能在這極其世俗的投資世界裡，產生屬於自己的哲學。我認為無論那是什麼，在某一領域成為大師的人就是哲學家。我相信偉大的哲學家，不僅呈現在思想的領悟當中，更是在極其枯燥無聊的學習和身體力行之下誕生。

09 想成為富翁要做的第一件事

不只我們的身體會產生汙垢，
生活中也會藏汙納垢。若不除去這些汙垢，
正當的財富雖然會找上門，但又會轉身離去。

「有一隻在巴西拍動翅膀的蝴蝶，會造成大氣的影響，並漸漸擴大，最後在美國德州引起龍捲風嗎？」（Does the flap of a butterfly's wings in Brazil set off a tornado in Texas?）

這是由美國氣象學家愛德華・諾頓・羅倫茲（Edward Norton Lorenz），於 1961 年在氣象觀測時所產生的疑問，之後成為物理學的「混沌理論」（chaos theory）基礎。在地球上某個地方發生的微小運動，有可能發展成龍捲風的起點，這稱為蝴蝶效應。我希望從現在開始我所談論的觀點，能成為每位讀者人生的「蝴蝶效應」。

讀完這篇文章後，請你從座位上站起來，拿著便利貼和書寫工具，戴上手套，把家裡最大的被子拿出來，鋪在客廳的地

板上。這動作可能會產生灰塵，所以要打開窗戶。然後站在被子的正中央，向著屋內四面各鞠躬一次，並輕聲說：「家裡的東西你們好！今天我將伺候大家，做一番整理。」

練習與物品道別

打完招呼之後，把家中抽屜裡所有的東西拿出來放在被子上。不可以用倒的，要像撿雞蛋一樣，有條不紊地一個一個放在被子上。這樣便知道自己收集了多少沒用的東西，你會發現原來有這麼多從未用過的東西，它們毫無頭緒地混合在一起。

你可能會覺得很羞愧，而且必須要感到羞愧。現在請你跪在地上（帶著謝罪和尊重），拿起其中一樣東西，感受一下它是否讓你心動。雖然不知道該如何正確地形容這種悸動，但是可以問問自己是否仍然愛它、想要收藏它。這是日本收納女王近藤麻理惠推薦的方法。

將那些仍然心動的物品放在右邊，對那些不再心動的物品說：「謝謝這段時間」或者說：「把你擱在一邊沒有使用，對不起」，或者說一聲「再見」之後放在左邊。無論是多麼瑣碎微小的物品，都以同樣的方式道別後分類。分類完，左邊物品中若還堪用的東西，就把它捐出去或賣掉，該丟的就丟掉。接下來，右邊的物品不要原封不動地放入抽屜裡，要按種類分類，在一個抽屜裡放一樣物品。

　　這是一個給那些躺在不同的抽屜裡一陣子、與其他種類物品互不相識的東西找到「親朋好友」的工作。然後在把它安頓好的抽屜上，用便條貼暫時寫上屬於它的名字，例如按摩器、運動器材、拖鞋、文具、遙控器、小型電子產品等名稱。

練習懂得正確使用金錢

　　物品整理完之後，可以用辦公專用的標籤機，為每個抽屜製作屬於自己漂亮的名字，並列印整齊貼在上面。標籤大小要適中，太大反而不好看。工作全部結束後，將被子摺好放回去，再來喝杯茶反省一下。

　　如此整理後，便知道我們何等隨便對待世上的物品。那些不知道的、不想要的、不必要的東西，源源不絕地出現在我們眼前。並且我們會因為買了許多沒用的東西而汗顏，發現自己竟然擁有這麼多不會使用的東西。不只我們的身體會產生汗垢，生活中也會藏汙納垢。若不除去這些汙垢，正當的財富雖然會找上門，但又會轉身離去。

　　正如沒有一個女人願意與手肘及脖子後面有汙垢的男人約會一樣，**這些小小的動作猶如蝴蝶效應一樣，會改變我們對物品的態度，以及看待世界的眼光，讓我們變成懂得正確使用金錢的人。**減少我們隨便亂買東西的情況，買回來的東西也會被

安頓在自己家裡，不會再為了尋找某樣東西，而東翻西翻浪費時間，或者因為找不到而再買。開銷會變得更明確，人改變了，家人之間的爭吵也會減少。

　　這樣整理後，就會想整理廚房、衣櫃、車庫及洗手間等。希望也能用同樣的方法來整理錢包、汽車後廂或電腦文件等等。這樣就是準備好成為一個受人尊敬的有錢人了，現在只需要等待時機。

10 你覺得以後
股票會上漲嗎？

金融市場是預測對了你就是英雄，
預測錯了也不是罪犯，不會因此被起訴。

　　有朋友問我這種問題，通常我不會回答。從 2020 年 3 月開始股票下跌後，有些後來才投資股票的朋友們滿心擔憂，到處詢問，最後來問我。或許因為我在經營事業，所以他們認為我的判斷會更有威信。他們心想要再加碼買進，還是要賣出，真是思慮煩擾。

　　我不會回答這些問題，理由很簡單，雖然我有自己的答案，但這答案對提問者並不見得有效。誰也不知道暴跌的股票何時會上漲，不管多麼有名、擁有多麼了不起的投資紀錄，就算是一個國家的領導人也不會知道。雖然很多人會根據走勢圖來做技術性投資，或者根據過去的例子來大膽預測，但金融市場是預測對了你就是英雄，預測錯了也不是罪犯，不會因此被起訴。

另外，因為我知道市場會變成什麼樣，所以已經根據此情況來投資。當然我也不知道這個市場下個月或明年將如何，而且那也不是我該關心的問題。但是我很清楚明年或 5 年後的情況會是如何。

股票獲利不能有的習慣

現在各位應該知道答案了吧？把時間再延長一點，覺得 10 年後會怎樣呢？如果是這種程度，應該任何人都知道答案。問問題是愚蠢的，因為大家都知道答案。只要根據知道的答案作答就好了，但是因為操之過急，所以為那未知的問題苦惱不已。

一個人用可以等待 10 年的資金來投資，但是在市場的暴跌中，卻害怕更多的暴跌，這是不合理的思維。如果不斷地暴跌，股票的價格就會跌破公司的淨值。不是風險消失的程度，而是本身已超過損益平衡點。從此開始，市場的高手和資本家將會參與其中，他們會計算股票的淨值，以撿到精品一樣的心情來搜購股票。一般人擔心股票再下跌而猶豫不決的時候，大打折扣的機會就結束了。幾天之前還是高價銷售的名牌商品，就在幾天之內全部的商品變成打七、八折，這時當然要購買不是嗎？更何況該商品不是消費財，它以後還可以再以高價出售，而且中間還會有分紅，所以當然會瞬間搶購一空。對某些人來說，黑色星期一就是黑色星期五。

　　提出「股票會上漲嗎？」這種問題的人有兩個缺點，一個是只想儘快創造收入，另一個是不買自己想買的，而是跟著別人買。自己的錢品質不好，也不相信購買的商品，結果是不相信自己，所以無法創造利潤。因此必須記得，若不改變這種習慣，一輩子也無法擁有資本利潤。

　　所以做投資的人，不能只是臆測並只確認能否獲得收益的狀態，市場情況再惡化，也要在可應對情況下投資。這是投資的定規。

11 付租金的人 所潛藏的價值

準備一筆種子資金，申請貸款，
找到合適的建物，只要成功一次，
便能以此為基礎，擁有許多建物。

　　無關從事哪種行業，如果你目前是付租金的人，那麼就是有最多能力擁有該建物的人。因為現在的屋主自己不能從那建物生出租金，所以需要找到在這建物內透過經營企業來付租金的人。換句話說，如果各位在不欠屋主的租金之下，目前正在經營事業中，就表示你有能力擁有該建物。

　　凡利用賣場、工廠或辦公大樓等事業場所，來營造收入付租金的企業經營者，要知道從自己的企業裡會產生兩種收益。第一個當然是事業本身所產生的收入，另一個是從車水馬龍的人潮中產生的不動產增值。

　　如果經營餐廳沒有受到商圈的影響，或者因消費者高度的

響應而吸引顧客來到賣場，又頗有招攬客人能力的餐廳經營者，他從人潮流量的增加而得的收入，可能比賣餐飲所賺的錢還要高。這樣的人在人潮流量增加中所得的利潤，會全被屋主奪走。他們以自己的能力使建物商圈的顧客流量增加，並帶動建物價格上升、租金上漲，但這一切都付給了屋主。

兼顧事業並獲得利潤的方法

這些人事業的本質不是經營餐廳，而是房地產開發商。他們非常能夠透過自己經營企業的能力，挽救那些較偏僻的位置，或者因別人經營倒閉而退出的賣場。只是他們不知道自己比任何人都有資格成為最佳的房地產經營者，自己是天鵝，卻以為是隻鴨子。屋主和我們不一樣，他只是以一生積蓄的錢和貸款買了一棟建築物，又因著有能力的企業經營者，使他可以靠月租來償還貸款、維持生活罷了。若有經營不穩的企業進來，漸漸拖欠租金，最後事業倒閉離開，那屋主也會心如刀割。因為屋主雖然最大，但上面還有一個銀行。

這世上沒有人能贏過債務，但是你卻沒有拖欠租金，一直順利地經營事業。如果你擁有一棟建物，會比任何人都具有償還銀行貸款的能力，銀行最喜歡的顧客就是你。因此**要成為建物的所有者，自己來兼顧事業和人潮流量增加的所有利益。人潮流量增加而獲得的利潤，可能比經營餐廳所賺的錢來得多。**

準備一筆種子資金，申請貸款，找到合適的建物，只要成功一次，便能以此為基礎，擁有許多建物。這樣的人將會成為銀行最放心的客戶。這方法不僅適用於餐廳，還有補習班業者、商業大樓及托兒所等。

　　一般熟悉的大型企業，事實上全都採取這種兼得房地產利潤的形式。麥當勞是全球最領先的餐廳業者，同時也是世界上擁有最多不動產的房地產商。幾乎所有的大型超市也都一樣，例如兒童公園、迪士尼樂園或飯店之類的企業，也都是房地產企業。連鎖店也能成為房地產事業，與個人創業者相比，連鎖店倒閉的機率較低，對賣場較有保障，所以能向店主收到租金。麥當勞就是一個典範。

　　農場若能吸引顧客直接來採買，也能成為房地產企業。如果同時有生產、製造和銷售的農場，就是房地產企業，這又叫做「第六產業」。花店也可以是房地產企業，我在首爾市中心開設了許多花店，這其中有一些店面是我買的。若市場上出現的待售商品，是我們進去後有能力支付目前市場租金的商場時，我就會買下來進駐。因為我們創造的人潮流量資產，沒有理由被屋主奪走。

　　如此有能力的企業主，至今尚未成為屋主的理由非常荒謬。因為他們從來沒有想過，他們認為買建物需要很多資金。有些

人惴惴不安說:「光開一家店就已經很不容易了,我怎麼敢⋯⋯」
但這與事實有很大的出入。你看到不如自己有能力的人都擁有
了建物,不覺得奇怪嗎?

付租金的人就是屋主

　　當我們在走訪附近的房地產、查詢待售商品、找尋銀行、
準備種子資金的過程中,便能看見可行的方法。你將會發現有
很多不需要花費大量金錢購買房地產的方法,**若能將目前經營
企業的熱誠一半投入研究房地產,便可以捕捉待售商品和機會。
房地產本身就是一種透過租金產生投資紅利的產品,因此非常
可以使用槓桿原理。**也就是比想像中容易的意思,不是沒有困
難,而是比想像中輕鬆。

　　在經營事業期間,若能銘記「付租金的人就是屋主」這句
話,那麼有一天必定會成為屋主。如果忘記這一點,便會在每
年上漲的租金中痛苦掙扎,落入不斷遷移店面、被屋主責罵的
光景。只要好好抓住一棟屬於自己的建物,並還清貸款後,就
可以利用槓桿原理來購買其他的建物。這是很特殊的投資產品,
所以絕對不要放棄欲望。

12 投資房地產？還是股票？

在問問題之前，必須具備提問的資格，
而為了具備這樣的資格去學習的過程中，
就自然而然明白為什麼不要提問。

　　將過去 10 年來韓國房地產指數和股價指數做一番比較，則感受不到別具意義的差別。當然若拉回 20 年前，股票市場會有更好的結果，這是事實沒錯，但因房地產的指數，沒有將相關的租金收入核算在內，所以很難斷定哪一個更好。通常我們認為房地產投資者和股票投資者兩種是不同的投資者，但如此分類並不正確。我認為投資房地產的人屬於較保守穩定型，而投資股票的人則屬於進攻型，且喜歡追求高成長。

　　房地產市場裡，有些是以租金收益為基準來買賣房地產，有些則是透過開發創造收益。以租金收入為中心投資房地產的人，與在股票市場裡投資紅利績優股的人有相同的傾向；而投資房地產開發業的人，與在股票市場裡投資具有前景主題股的

人有著相同的傾向。換句話說，**不是用投資市場的不同來劃分投資者傾向，而是根據投資的風格。**

懂得問對人、問對問題

　　領股票股利就像收月租一樣，以收月租為目的的屋主，沒有理由每個月確認建物的價格；而領股利的股票投資者，也因為對股息更感興趣，所以對股價變動不太敏感。這些人不會對今年房價或股票沒有上漲而焦躁不安，因為他們認為建物的價格，只有在租金調整時才會上漲，而股價也是當績效提高時才會上漲。因此他們都是有相同傾向的投資者，若問這些人股票和房地產哪一個是更好的投資選擇，他們會以股利和租金比較後，結果哪一邊多得利益就是最好的地方。

　　投資股票的人也分為兩大類，這兩類是完全不同的投資者。有些人是找到公司的內在價值，購買相對被低估的公司股票，等待公司成長，具有長期投資眼光的投資人。相反的，也有一些是根據群眾投資心理，隨著技術性反彈和阻力買賣的股票經紀人。

　　雖買賣同一家公司的股票，一種人是與公司合夥的情況，另一種人是向前者購買，又賣給後者的分銷商。技術性投資人，只需要關注良好的交易系統和交易量，所以不會關心公司的來歷或公司的未來。因此股市入門的新手們，當周圍的人問：「現

在可以賣嗎？現在可以買嗎？」等股票相關問題時，彼此的答案必不同。提問的人要知道自己是屬於股票經紀人（trader），還是投資人（investor），而回答的人也要知道提問者是屬於股票經紀人還是投資人。

勿憑一句話做決定

會問問題是好的，功課好不一定會成功，但會問問題的人成功機率可能會比較高。但投資的世界例外，因為投資與金錢直接相關，根據一句話所做的決定，與實際收益有很深的關聯。最大的問題是，回答的人不知道答案。銀行職員、證券公司的職員、會計師、專業投資人，甚至知名的基金經理人都不知道真相，他們只是傳達展望和傳聞罷了。**諸如報章雜紙或電視上經常出現的高手外傳、必殺技、項目推薦、股票命理大師、投資訣竅、預測上漲的項目、投資實戰法、圖表技術分析、買賣特別講座、短線當沖、技術分析成功祕訣等，所有誘惑的言論都是騙局。**

他們在學習這些技術，進行投資股票的過程當中，發現了傳授這些技術會更賺錢。或者只是證券公司在贊助的項目上，為增加交易量而僱用的人。因為只有交易本身增加，證券公司才能獲利。這就像有些人會用「我要傾盡戶頭存款讓人看見」這句話來炫耀偶然的成功；或者高階傳銷商，展現他們的豪華

轎車、存摺一樣。**一個穩重的投資者，不會炫耀他們的投資方式或公開存摺，勸人投資。**

他們這些所有行為，都可能導致現實生活中意想不到的受害者。他們接受建議獲得了成功，但不會持久。若聽取建議後失敗了，就會遭到埋怨，所以面對家人或親戚，只能小心翼翼。在問問題之前，必須具備提問的資格，而為了具備這樣的資格去學習的過程中，就自然而然明白為什麼不要提問。將會發現「投資房地產好，還是投資股票好」這問題，是多麼令人感到尷尬的問題。

當我們發現這是尷尬的那一刻，便具備了投資的基本資格。

13 創造我的
獨立紀念日

個人若想要獨立，就必須從其他地方
創造收入，而不是從自己的工作。
把自己賺來的所有工作收入節省下來，
讓這收入變成資產，就是獨立的開始。

　　獨立紀念日、光復節、戰勝紀念日等國家紀念日，都是為
了恢復曾被奪走的國家主權而設立的紀念日。我們個人也有屬
於自己的紀念日，人生中最重要的紀念日是生日和結婚紀念日。
這些就像開天節 * 和政府成立的紀念日一樣，又像光復節和獨立
紀念日。從人生的角度來看，光復節是一個人離開父母開始獨
立生活的日子；而透過財務獨立達到財務自由的日子，就是個
人獨立紀念日。＊註：韓國紀念朝鮮民族的起源。

　　6 月 27 日是我個人的獨立紀念日，因為那一天是我的資本
收入超過工作收入的日子。我把開始不需要再工作的那一天，
當作我個人的獨立紀念日。個人的收入有兩大類，第一類是透

過自己的勞動或工作而獲得的薪資收入。像上班族、個體工商戶、公務員、專業人士或企業經營者，都必須親自工作才能有收入。自己的工作所得是基本的收入來源，他們為公司、上司、國民、客戶和消費者工作。**為某人工作就是將自己的時間和才能提供給別人來創造收入，如果接受服務的人拒絕，我的收入就沒了**。因為沒有決定權，所以就沒有主權。

規劃資產的運用政策

　　個人若想要獨立，就必須從其他地方創造收入，而不是從自己的工作。把自己賺來的所有工作收入節省下來，讓這收入變成資產，就是獨立運動的開始。如果我現在還沒獨立，所有的收入就要用在創造資產方面。那些**將大部分收入用於消費而非資產的人，終身無法達成獨立。將收入累積變成資產，資產又再產生另一資產，當資產規模超越工作收入，那一天就是個人的獨立紀念日。**

　　為了讓這天提前到來，必須下定決心計畫 5 年、10 年、20 年的資產運用策略來投資，堅決斬斷這一代貧困的鎖鏈。從那天起無論工作與否，都是我的自由，退休或繼續工作都好，因為已經是贏得自由的人了，這一天是自主權生效的日子。

　　達到獨立之後，可以稍微奢侈一點也沒關係。每年紀念這一天，預約最好的餐廳或計畫旅行，或為自己買一束花。

　　生日是送給生養我們的父母禮物的日子，因為他們把我們
生了下來。但是個人獨立紀念日是靠我的努力而達成的日子，
所以可以盡情地慶祝。讓家人也要支持你人生中最重要的個人
獨立紀念日，讓他們知道這一天，並得到他們的祝福，而且記
得絕對不要再變貧窮，享受正確的財富。

　　我們也可以教導子女們這種觀念，幫助他們成長並離開父
母，創造自己的光復節和獨立紀念日。我盼望各位能早日迎接
個人的獨立紀念日。期待將來有一天，我們公司的花店一天能
收到數百籃訂單，上面要寫「慶祝個人獨立紀念日」的賀詞。

14　管理金錢的四種能力

蓋一棟房子需要 3 年，但拆毀只需一天。
一個擁有資產的人無法持守資產的最大原因，
是沒有管理那些該去正確投資的資產。

　　所有從事經濟活動的人，都會根據金錢的四種能力來增加資產。其中有人只擁有一個能力，也有人擁有全部四個。此能力分為賺錢的能力、存錢的能力、維持的能力及使用的能力。雖然我們稱那些有賺錢能力的人為有錢人，但是有錢人要維持財富，就必須具備這四種能力。只要擁有其中一個能力就能致富，但是無法繼續維持財富。而且這些能力是各自不同的能力，所以必須用不同的方式學習。

賺錢的能力

　　有賺錢能力的人很容易被看見，因為這種能力是外顯的。

具備這種能力的人，大部分都是愛冒險、精通生意、善於推銷、能幹的人。他們屬於樂觀型，不輕易放棄，企業家中有很多是這一型的人。具有專門職業，誠實又聰明的人也有這種能力。尤其在企業家中，有很多此能力特別突出的人。

但是相對地較缺乏其他的能力，因此反而容易負債、被詐騙，甚至員工貪汙都不知道，在管理財產方面有很多不成熟的地方。這些人最常說的一句話就是：「我只要出去賺錢就好了」。對於會計或投資細節的問題，以及對財務報表的理解，感到非常吃力，所以經常坐視旁觀。這些人存了很多財產後，一下子就揮霍殆盡了。他們隨便報稅，或者遇到複雜的投資支出問題時，因為不懂也覺得麻煩，於是就相信他人、委託他人管理。

另外，有些人雖然被許多人詢問該如何賺錢，但有時連他們都沒有認知到自己賺很多錢。因為經常繳完各種費用之後，好像什麼都沒剩，雖賺了很多錢，也不會有感覺。

存錢的能力

存錢的能力與賺錢的能力是不同的能力，會賺錢並不代表會存錢，因為存錢需要具備調整資產的平衡和管理細微支出的能力。還需要具備對發票處理、物品管理等瑣碎之事，到稅率、利息、投資、匯率等相關的知識和理解，並且還要看重財務分離和支出管理。

不僅如此，對待金錢的態度要正確。不可隨便對待小錢，要能將大筆的錢送到適當的地方。若隨便對待小錢，周圍的人也會跟著隨便，而應該要放大筆錢出去的時候，卻不能把它放出來，所以周圍的人就離開了。

當人離開時，也會帶著錢離去。因此存錢的能力因人品而有所差異，需要兼備果斷和寬容。會賺錢但不懂得積蓄，則與無底的甕一樣，不管賺多少錢卻一直漏，總有一天會變成空的甕。

維持的能力

維持財富的能力，是懂得賺錢的人有了積蓄金錢的能力後，為守護財富而必須具備的能力，這又是與賺錢或存錢的能力完全不同的能力。持守財富是最艱難的事之一，就像看守城池比攻取更難的道理一樣。這時他們因被眾人譽為資產家，名聲遠播，所以奢華和虛榮也經常在門外待命。會開始尋找與自己相襯的房屋、車子、美食、朋友、時尚名品等。也是開始認為自己看待金融、政治、經濟的眼光與一般人不同，不再尋求老師，自己當起老師或「大人」的好時機。

資產瓦解是一瞬間，蓋一棟房子需要 3 年，但拆毀只需一天的功夫。一個擁有資產的人無法持守資產的最大原因是，沒有適當管理那些該拿去正確投資的資產。**投資是世界上最困難的事情，而什麼都不做是最糟糕的投資，所以也不能什麼都不**

做。投資是一個不能靠努力取代的領域，需要兼具洞察力和宏觀的眼光，還要有進場和退場的標準。因為城牆可能瞬間倒塌。

使用的能力

最後，使用金錢的能力猶如高超的政治技術，要簡樸但不可吝嗇。個人要過簡樸的生活，但不能強求家人或周圍的人，也不能強迫員工。「像我這麼有錢的人都如此節儉，你們也要像我一樣啊！」這不能當作教訓，因為彼此的生活價值不同。

該支付的必須按時付出，不可拖延或遲繳。即便那是給父母的零用錢，也要在既定的日期，像支付員工的薪資一樣準時奉上。如果所僱用的是按日計算薪資的臨時工，就必須當日支付工資。無論是清潔員、維修員、送貨員還是外務員都一樣，需要當日馬上支付。如果我們占用了那些以鐘點賺錢者的時間，就該償還。若忘記與美髮師的預約，或者因遲到而造成他工作不便，那麼即便我們沒有去修剪頭髮也要付費。因為對於美髮師來說，那段時間是不會再回來的資產。如果向律師朋友詢問了意見，不是請他吃一頓飯而已，而是支付諮詢費，因為那名律師朋友完全付得起一頓飯的費用。知識的諮詢費用之所以昂貴，是因他們為了獲得那專業知識，曾投入了大量的時間。若預訂好餐廳卻不能去的時候，不必覺得抱歉，只要付錢就好了。這些都是常識。

　　相反的，不要因那無用的權力或虛榮心而到處請人吃飯。不必與那些認為有錢的人就應該請吃飯的人為伍，若聽到這些人對我們辱罵，就當作是補藥。格調或名譽非來自這些地方，對於那些懂得尊重他人之錢的人，可以請他們幾次。想要學習正確用錢的本領，就要懂得接受被罵，總比被我的錢罵我來得好，因為我的錢若罵我，便可能離開我。

　　我們要了解這四種能力是不同的能力，並要努力地學習每一種。若忽略其中任何一個，便無法做長久的有錢人，或許能嘗到短暫的致富滋味，但是如果真的變成富有的人，反而會更悲慘。因為曾經擁有過卻被剝奪的傷痛，比從未擁有過的悲傷更大。盼望大家能成為賺很多錢，也能好好地積蓄及持守，正確使用金錢並幸福的有錢人。

15 我所不會投資的領域

每分金錢都有它的故事，我不想把來自傷痛
或不幸的金錢放進我的資產裡。

　　無論能賺多少錢，有一種事業和投資是我絕對不會碰的領域，那就是關乎危害生命的領域。例如與戰爭有關的公司或槍枝、武器、香菸、酒類、大麻、毒品等領域，屬於灰色地帶的事業也一樣。我有一個朋友在經營拖吊車公司，這不算是不好的事業，反正隨時都會發生車禍，不是因為有了拖吊車才發生更多的車禍。

　　但是**若必須有人發生不幸，才會有收入進來，那麼我們內心很難不會產生壞的意念。**這事業最大的收入來源，就是發生人命事故，當然這種想法一定會令人感覺不敬。像這樣當人死亡或受傷時，才會有收入的事業，我不會心動。雖然必須有人做，但我不想。此外，像催討、債務清算、當鋪等事業，我也敬而遠之，

因為這事業裡面會埋藏著某個人的傷痛。還有一些製藥公司，也是當疾病發生和死亡人數增加時股價才會上漲。藥物原是用來預防死亡和治療疾病的，製藥公司卻因疾病傳染導致人類死亡，以致股價更加上漲。作為管理階層或投資人，不知道會有什麼想法。

　　此外，我也會遠離那些因發生空汙或氣溫異常，而帶動股價上漲的企業。事實上這些是充滿爭議的話題，因為無論如何都需要有人做，而且是必要的。但是我不想把來自傷痛或不幸的金錢放進我的資產裡面，我所賺得的每分金錢都有它的故事。小時候曾讀過黃順元的《陣雨》，覺得惹人憐愛的清純少女是我理想的對象，但上了年紀之後，才發現惹人憐愛的清純女孩，並不適合做我的妻子。

　　我覺得要與開朗的人生活才會幸福，因為太太情緒憂鬱，全家的氣氛就變得沉悶。金錢也一樣不喜歡憂鬱和黑暗，它會想要遠離那種氛圍。

16 保險不是儲蓄

保險是一種基於風險的概率遊戲，
保險公司即商品開發公司，找出會發生風險
或損失的領域，並將這些領域的
實際損失數字統計後訂定保險金額。

　　我所熟悉的人當中，有一個人每月收入約 250 萬韓元，但每月要繳 80 萬韓元的保險費，所以常常叫苦。我問他為何要買那麼多保險，原來他把保險當作儲蓄。保險的目的是，原保險的投保人支付議定的保險費，為投保人的財產、生命或身體發生事故時所預備的安全保障。

　　但是保險公司不只銷售與實際風險相關的人壽保險和意外保險而已，除了基本的保障性保險和儲蓄性保險之外，還銷售定期保險、終身保險、變額保險、萬能保險、個人年金保險等商品。保險是一種基於風險的概率遊戲，保險公司即商品開發公司，找出會發生風險或損失的領域，並將這些領域的實際損失數字做一番統計後訂定保險金額。假設一座 1 萬人的村莊，

每年有 5 個事故死亡者，就先向 1 萬人分別收取 10 萬韓元，收集到 10 億韓元時，便分給那 5 人各 2 億韓元。因為每個人都擔心自己可能在那 5 個人當中，所以願意每年拿出 10 萬韓元，萬一發生事故，也可以讓家人安然生活，所以都認為這是很好的制度。

保險公司是追求利潤的企業

這 10 萬韓元是該產品的成本，但是這不是由國家或非營利組織免費主導的，而是由追求利潤的私人企業。他們自己制定、開發和推廣自己的保險產品，當發生事故時也要審查，還需要投入營運費。另外，保險是需要積極銷售的商品，所以也有專門從事銷售的保險經紀人公司（GA）。保險經紀人公司 GA 是扮演比較分析各保險公司的產品後，傳達給消費者的角色。為了銷售一種產品，必須運作一間龐大的公司組織，還要向廣告和銷售網支付津貼，所以在 10 萬韓元裡加上利潤來銷售，因為需要有人管理和執行。

問題是保險公司包括津貼結構、政策津貼在內，要向銷售網支付最多高達月保險金 4 至 10 倍的銷售佣金。也就是 1 年所繳的保險費，幾乎都付給了保險代理人作為銷售佣金。不只如此，還要付給保險經紀人公司 GA 最多 600% 的津貼。若把這些都計算在內，投保人每月所繳的保險費當中，將近有 16 個月是

是津貼支出。保險很難解約，若中途解約本金就會消失的原因就在此。更何況保險公司在支付如此多的津貼同時，為了經營自己的公司，必須將員工的薪資、辦公室租金、廣告費等都包含在保險費內。因此原價 10 萬韓元的實際純保險費，卻逼近 40 萬元。這好像保險金額變成了餐廳的食材原料成本一樣的處境。錢多的人可以每天到餐廳用餐，但是投保的人是因為自己的資產結構有風險而期望保險的人，不能每天三餐都外食。

而問題並非到此結束。**保險公司以保險的名義銷售各種金融商品，這些商品並非扮演實際的保險角色，而是將投資銀行所做的事偽裝成保險，利用顧客的錢去投資。**在保險上附帶儲蓄和年金都是一樣的，保險在前面冠上 VIP、Smart、Safe、First、Lifetime 等名號來銷售。這些聽起來宛如：「我們會終身精明地以各位為優先，並將顧客奉為貴賓一樣服務，所以請放心！」雖然這些產品的公開利率為 2.5%，但 10 年的收益率超過 20% 的情況並不多。

儲蓄性保險在投保後的頭 7 年，在所投資的保險金額當中，需要扣除保險代理人的獎金等工作費，所以若以整體保險費為標準，公開的利率和實際的收益率則相差甚遠。因此以本金為標準，投保後的 5 至 6 年間，大部分是呈現赤字的情況。特別是在電視上出現最多廣告的終身人壽保險，是保險公司最有利潤的商品。投保人必須終身繳納保險費，因為保費很高，所以

有 70% 在 5 至 7 年之間解約，讓本金飛走。因保險公司從解約中能獲得可觀的利潤，所以非常鼓勵銷售員努力地銷售，而且支付他們最高的報酬。

如果你目前正在撫養家人，薪資就是你全部的收入時，就應該購買人壽保險，但如果另有其他的資產收入則不需要。汽車保險只是強制性的投保，在美國有一些州，如果一個人有 10 萬美元存款，可以不必另外投保商業車險。我是現代的保險無用論者，我完全**沒有理由花 40 萬韓元購買 10 萬韓元的商品，把錢投資在收益率低於利息的儲蓄型保險當中，因為商品的成本和銷售價格有非常大的落差。**

到底要不要保險？

如果你有很多家人和親戚，便可以與他們一起規劃保險。可以由聰明伶俐、誠實又會計算的大姊來做保險經紀人，只要存幾年就能成為一大筆錢。上述的那位熟人，至今他所繳納的保險費總額高達 1.7 億韓元，包括兒子出生時所購買的兒童癌症保險在內一共八個。他的孩子現在已經 18 歲了，但也不敢隨便解約，因擔心若解約本金就飛走了。

很多人說現在人的壽命可以活到 100 歲，大家都很擔心自己老年的生活。但根據官方實際統計 2018 年生命圖表顯示，新

生兒的預期壽命為 82.7 歲，與 2017 年相同。當然人類的預期壽命在過去 200 年間，呈現快速穩定增長的趨勢。雖然 18 世紀平均壽命只有 40 歲，但 19 世紀初期的平均預期壽命達到 60 歲，進入 20 世紀之後達到 80 歲。這是隨著香皂的普及，加上營養狀態、居住環境的改善、各種預防藥物的發現和普及後，使幼兒死亡率下降的結果。儘管如此，預期壽命並沒有持續增長。從 2011 年開始增長趨勢突然停滯，按照目前的趨勢，要讓預期壽命增加 1 年，大約需要 12 年的時間。

假設在 2100 年預期壽命百歲已成為事實，我想各位讀者當中，也不會有人因擔心自己會活到那時候，而繼續繳納保險費吧。「百歲人生」這標語是保險公司推出的最佳熱門商品，其中的意思代表如果「運氣不好」，或許能活到 100 歲。

我除了公司的健康保險和汽車保險之外，實際上沒有任何其他保險。不僅沒有為住宅投火災保險，也沒有買人壽保險、損失保險、旅遊保險、老人痴呆保險以及防癌保險等。雖然我分別向韓國和美國政府繳納約 300 萬韓元的健康保險費，但過去 10 年的醫療費支出不到 100 萬韓元。我幾乎不開車，車禍也只有二十多年前一次的擦撞事故而已，而且還是從後面被撞的。

自我保險更好

購買保險的人是因為擔心最壞的情況發生，但是如果這筆

錢是從 20 年前開始積蓄下來的，就概率而言，個人自我保險會更好。因為不管保險公司銷售哪種商品，所設計的商品都是對我不利的。冠上儲蓄型、免稅型和續約型等各樣誘惑的名號，最終也都是對顧客不利的商品。另外，保險公司有權拒絕那些可能對他們造成損失的投保，對於有病歷、年紀大或職業暴露的人，保險公司可以拒絕他們加保。也許有人會反問：「即使這樣，也有很多因保險而受惠的人吧？」在賭場贏錢的人也只占 48%，如果大家都輸錢，有誰還會願意去賭場呢？

我希望每位讀者都能重新思考對保險的觀點，不要將自己的經濟大權交給不會發生的各種恐懼。如果自己不能成為保險公司，或者和家人或兄弟姊妹之間一起設計家族保險存摺來共同投資，親自管理資產，則建議嘗試看看購買保險。

事實上，當我們變成有錢人時，也就不需要保險了，因為資產的一部分已經足夠扮演保險的角色，也許這就是有錢人更加有錢的原因吧。

17 漂亮的垃圾

> 當你變成富翁，駕御金錢生活時，
> 就不再需要名牌物品了。有也好，沒有也罷。
> 你會變成不是為了炫耀所以消費，
> 而是因為需要。

　　2020 年的春天，為了紀念我們的結婚 30 週年，我和妻子一起去環遊世界。

　　我們租了一架私人噴射飛機，並有幾個隨身服務人員，還有醫生和廚師陪同，這是世界上最昂貴的旅遊套裝商品。我們共遊玩了九個國家，住在最高級的飯店，享受最高級的美食及最尊貴的禮遇。連在機場也是經過特別的登機口和隱密的貴賓室，完成了出入境手續。與我們同行的人有來自美國、加拿大、英國和南美的企業人、投資者、律師事務所的代表、墨西哥的畜牧業者、職業賽車手以及從事音樂產業的年輕人等。

　　兩人的旅遊費用相當於韓國平均一間公寓的價錢，表示參加該旅遊的人，都是相當富有的資產家，都是在金錢上無後顧之憂的人。

與他們一同旅行，發現他們對購物毫無興趣。他們喜歡去參觀博物館，喜歡走路，也喜歡相聚在一起。他們完全沒有打算去購物中心，也沒有想買各式各樣的紀念品。他們與那些剛成為富豪，或者想要看起來像富豪一樣的人迥然不同。確實比起買東西，他們更喜歡享受當下的經驗，與工作夥伴們相聚，親自參與當地的活動。

為需要而買

我也只在摩洛哥馬拉喀什的馬洛雷勒花園，買了摩洛哥傳統的手工鞋（babouche）和用鴕鳥皮製的藍色卡片夾而已。我只想擁有一雙可以任意把鞋後跟摺起來穿的手工鞋，以及一個更薄的卡片夾。妻子也只有在布達佩斯買了一個直角形花瓶而已。

將近一個月環遊許多國家的旅程中，雖然有各種讓人值得紀念的東西，但我們從十多年前開始，就已經明白這些東西最後都會成為漂亮的垃圾。雖然當下有很多漂亮又想擁有的東西，但帶回家之後，卻發現沒有適當的擺設地方，最後很多東西都變成扔了可惜、留著礙眼的漂亮垃圾了。這些東西要翻出來也很麻煩，塞在抽屜裡又很討厭。因此妻子在裝潢房屋時，也以最簡單俐落又恰到合宜的樣式布置裝飾品和家具。把家裡裝飾成空間寬敞的賣場一樣，在裝飾的過程中，就知道什麼東

西買回來會立刻變成漂亮的垃圾。因為**常清除現有的東西，所以反而變得不想買新的東西了。**

　　現在只要看到漂亮的物品，就會拿起來看一看，再想一想它是否是漂亮垃圾的「候選人」，答案很快就會出現。因為我們知道俄羅斯的套娃、河內的草帽、日本的和服、裝著馬爾地夫海邊的雪花水晶球、坦尚尼亞的 TingaTinga 繪畫等，一進到家裡就會變成美麗的垃圾，所以一個都沒帶回來。

　　那些經驗、回憶和照片就已經充滿了整個屋子，光是將旅遊時所拍的照片整理成檔案，就花了 1 年不是嗎？當你變成富翁，駕御金錢生活時，就不再需要名牌物品了。沒有地方炫耀標緻的古馳皮包，也沒有理由炫耀它。有也好，沒有也罷。你會變成不是為了炫耀所以消費，而是因為需要。那時會配戴看不到牌子的好產品，不是歐米茄或勞力士錶，而是戴著 200 美元的瑞士國鐵錶，看起來也很帥。

　　不管多麼漂亮，終究還是垃圾。既然是垃圾就要清理丟棄，**你沒有理由花錢買迷惑人的美麗垃圾，寧可用這些錢買最好的椅子、最貴的枕頭、最好的床墊和被子、手工鞋等。**因為你無論在哪裡做什麼，這些東西都與你的生活息息相關。

18 跳脫政治傾向來解讀經濟

如果一個人的政治理念完全偏向某一方，
就會失去理解經濟的能力。

　　這句話的意思是不要因為政治信念，而帶著偏見來解釋經濟。許多新聞媒體在經濟報導中常隱藏著某種意圖或目的，所以不要原封不動地從表面來理解此類的報導。經濟新聞常常是負面的報導，負面新聞比正面新聞較受讀者注意。猶如走在路上，聽到「啊！小心車！」比「樹開花了」更引人關注一樣。

　　美國經濟新聞的言論，也是其中六成為負面性新聞，而韓國的負面新聞則超過八成以上。以負面為基礎的新聞使媒體具有監控的功能，由此可知為何負面新聞所占比率較高。因為新聞媒體的主要立場是「做得好是理所當然，做不好就應該被批評」。說到這裡，這些只是我對新聞媒體善意的解釋。

媒體與政治的影響

　　新聞媒體的問題之一是會扭曲經濟報導，將它變成政治新聞。對於同樣的情況，有一篇可能會這樣報導：「慘不忍睹的私人企業……有 1,600 家停業」，或者：「去年自營業者的歇業率，創下 10.98% 的歷史新低」。輿論就是根據新聞報導，歸咎於「經濟失敗」。或相反的，如 1997 年外匯危機當時，有國外的媒體不斷報導韓國可能會發生外匯危機，在這種情況下，韓國新聞媒體的報導竟然是「完全沒有問題」。甚至當時國內媒體所寫的社論是：「不要助長經濟的危機感」、「不需要對經濟抱持悲觀」。

　　這些報導都不是經濟新聞，而是政治新聞。因此如果一個人的政治理念完全偏向某一方，就會失去理解經濟的能力。如果對實體經濟誤判，稍有不慎就會導致投資失敗。

　　政治色彩的不同最會讓人互相嫌惡，反而不同的宗教比較沒有問題。學歷或財產規模的差異，在成為親密的朋友之後，也比較不會有太大的問題。在臉書上沒有聽過因宗教不同而斷絕朋友關係的消息，但屢見因政治傾向不同，就當面毫無顧忌地把對方刪除的情況。在政治傾向極端不同的人之間，有時情緒激動到甚至不惜殺人。我們都曾從歷史記載中，看見實際互相殘殺的情形。雖然在世界歷史上，曾經因宗教衝突而爆發過戰爭，但其中還是隱藏著打著宗教旗號的政治利害關係。

　　最深層的情感差異來自政治，因此完全支持某一方的強烈政治傾向者，在新聞媒體中也只會看符合自我傾向的報導，他的想法、判斷都偏向一方。事實上**政治傾向本身不是問題，只是在面對經濟新聞時，我們一定要明白必須以實際數據來參考並判斷事實。對於帶有偏頗的標題或言論，要隨時保持懷疑。**

　　投資或事業若走錯一次方向，便可能從競爭行列中遭到淘汰，甚至破產。當房價暴跌，造成恐慌，以致現金枯竭時，會突然出現「房價上漲的時代來臨了」等荒謬的報導。若把這種煽動購買的新聞報導當成事實接受，便可能敗光家產，到頭來還不知道要向誰追究責任。盼望各位將自己的政治傾向和經濟政策分開來判斷。

Chapter 3

投資 最重要的事

01 創造引水和第一桶金的五種規則

因為錢的問題，不能去醫院、不能讀書、
延後結婚、不敢生小孩、不能幫助父母、
老了還到處欠債，這才是金錢的奴隸。

村子裡井水消失、自來水設施尚不完善的時期，大家是抽地下水來飲用。是將水管嵌入地下水道，裝上泵浦，將一、兩瓢水倒進泵浦中，再用力上下拉、壓，把地底下的水抽上來。觀察水泵浦的結構，上面有個引水孔，被橡皮隔膜塞住。其原理很簡單，當水抽上來時，橡皮隔膜會堵住引水孔，以防止抽上來的水再流回去。

為了將水抽上來而倒進去的水，叫做「引水」。韓文原意有「去迎接」的意思，英文叫做 "Calling Water"，意思是「把水引上來」。只要加入一次引水，再不停地上下猛壓泵浦，就能

將水抽出來。若沒有引水便無法把水抽出來，所以在泵浦的旁邊總是會放一個用來引水的水桶。凡是想匯集資本藉著投資獲得資本收益的人，都要準備一筆符合這引水功用的錢，這引水就是種子基金。

開始創造 1 億韓元資金

種子錢是指購買農作物種子的錢。為了達到適當的投資，約需要 1 億韓元的資金才能在股票或房地產上進行有意義的投資。如果只以少量的資金投資，即便產生利益或損失，並不會造成很大的意義或衝擊，所以會不太關心。這些錢必須是能變成 10 億、100 億、1,000 億元的種子資金。現在我要提出 5 種使年輕人能創造 1 億韓元的實用方法。

第一，下定決心要存到 1 億元。

第二，寫好「要存到 1 億元」，貼在書桌前。

第三，剪掉信用卡。

第四，按用途將存摺分成數個。

第五，先存 1,000 萬元。

下定決心存 1 億韓元

第一項建議，每當我對大家說我想要實現某個目標時，便強調首先必須要有「真的想實現此目標」的心志。我會靜靜地

坐在書桌前，對自己說：「我想斷開我們家人被貧窮捆鎖，成為受人尊敬的有錢人，並守護我的家庭和我所愛的人。」當我如此激勵自己的那一刻，我所說的話便產生能力，驅動我達成目標。話不說出口，會開始關閉心中的想法，並限制自己的行動。相反的，把話說出來，會開啟心中的想法，最後就帶出行動。盼望各位能認真看待這句話，每當感到困難的時候，要不斷對自己說鼓勵的話。這就是開始。

寫好「要存到 1 億元」，貼在書桌前

第二項建議，親筆寫下「我要存到 1 億元」，貼在書桌前較明顯的地方。最好是常常看見的地方，貼在馬桶對面的牆上、餐桌上也好，或者到處都貼更好。如果你的欲望很堅強，也可以將它放在手機的主頁或電腦螢幕上。不用怕別人看到，越多人了解我們的欲望並給予支持，就越容易實現。就算有人嘲諷也沒關係，我們需要預先學習接受這種譏諷，因為在創造並維持財富的過程中，隨時都要學習接受揶揄。這種調侃或指責，在財富達到無可冒犯的地步時就會減少，所以不必理會，就到處貼吧。

事實上，這兩項建議與第三個相比，看似容易卻是最難。因為要改變人的想法，比採取行動更難。大多數不能致富的人，並非因為沒有能力、機會或種子基金，而是缺乏真正想要成為富翁的渴望。

剪掉信用卡

第三項建議，則需要工具，就是拿出剪刀剪掉信用卡。**成為有錢人的第一個先決條件，就是將複利變成站在我這邊的工具。但是信用卡是複利的敵人，總會掐住我們的脖子成為阻礙。**因此為了讓複利變成朋友和幫手，首先必須剪掉信用卡。一旦複利站在我們這邊，所有的錢就會隨之而來。

從今以後只攜帶現金或使用現金卡。或許你覺得帶著硬幣在身上，會發出噹啷聲不太方便，要使用現金卡又餘額不足；但不要擔心，稍微辛苦一點，複利就會來幫助我們，必須忍耐和等候。就算有一兩個月的時間過得像乞丐，也要像脫離毒品的束縛一樣咬著牙根撐過去。必須讓自己改變，要使用現在的收入，而非未來的收入。

按用途將存摺分成數個

第四項建議，是多開立幾本存摺。不要將水電費或生活費全都存在一本存摺裡，多開立三、四本存摺，一本存摺只存入固定支出的生活費，例如房租、電話費、交通費等生活必需費用。其他存摺則存入餐飲費、咖啡等額外的花費。這些錢要在月初算好後就存進去，即便中途某一個部分全用光了，也不要挪用其他存摺裡的錢。另外還要開立一本專門儲蓄的存摺。要按照個人的預算開立幾個存摺，若覺得這樣很麻煩，也可以將

現金分裝在不同的信封裡。或許這些事很繁瑣，而且開立銀行帳戶也需要一些錢，但還是要做，而且要做的理由很清楚。

管理一個國家或公司，需要編列預算。要預測一年的收入和支出，並區分哪個部分要編列多少預算。因為要達到平衡的預算，才能治理和經營。**個人的經濟活動也是如此，要按照基本的生活費、儲蓄、文化休閒娛樂、教育等主要項目來編列預算。**如果隨便花完再把剩餘的存起來，那麼無論公司或國家不用幾年就會破產。國家或公司的各個部門都有單獨的預算使用權，彼此不能干涉，但是**個人金錢的使用是可以進進出出的，所以更需要按照這種方式分類，必須勉強自己實踐。**

先存 1,000 萬韓元

第五項建議，請先實現目標金額 1 億韓元的十分之一，即 1,000 萬韓元。1 億元聽起來是一筆鉅額，但是只要努力，誰都可以存到 1,000 萬。無論是需要一年還是兩年，目標就是存到 1 億元。若勉強自己存到第一個十分之一，在存的過程當中，你會體驗到樂趣，而且會產生要領及額外的收入，因此更會提高興趣。第二筆 1,000 萬比第一筆的 1,000 萬就更容易存，我們必須經歷這種存錢的過程。

每當我在演講裡分享這些內容時，一定會有年輕人提出這

樣的問題：「您是否太強調金錢了？我們雖然知道金錢對生活很重要，但如此存錢，不就成了金錢的奴隸嗎？」其實我只是談論有關金錢的重要性和致富之道而已，但是我發現當我提及有關儲蓄和投資，或者節約方面的話題時，有些人就會表現出不悅。但我覺得提出此問題的年輕人是虛偽的。

　　如果**鄙視金錢的話題，就是關閉了致富的第一道門**。對金錢的看法如此隨便，我認為那人的想法本身就陷入金錢奴隸的狀態。若因為錢的問題，所以不能去醫院、不能讀書、只能延後結婚、不敢生小孩、不能幫助父母、老了還要找工作到處欠債，這才是金錢的奴隸。

　　韓國老人的貧窮比例接近 50%，老年人的自殺率居世界第一，三分之一的原因是經濟因素，因為年輕時隨便對待金錢的結果。我建議要減少消費、多多儲蓄及投資，並不是鼓勵大家變成吝嗇鬼，不要過幸福的日子。其實剛好相反，**財富增值，了解社會的經濟結構，踏上致富之路是莫大的幸福。趁年輕時追求這幸福，將來就有富裕的生活**，而這豐裕的生活又能帶來其他的幸福。希望現在大家拿著剪刀往書桌去。

02 好的負債，
壞的負債

想要成長或投資，就需要向銀行借貸
才能慢慢增長。認為「絕對不可負債」的觀念，
是因為沒有弄清債務的功能。

　　直到我寫此書的現在，我沒有任何負債。與我同等企業規模的人當中，很少見零負債的情況。我經營的企業沒有負債，個人財產也沒有負債。自宅或投資的房地產，全都是用現金購買的，金融資產中也沒有正在利用槓桿原理來投資的商品，信用卡裡也沒有未繳清的餘額。沒有負債是我藏在心底的驕傲。其實這是非常極端的情形，而且身為企業經營者，這不應該是值得驕傲的事。從資產管理或投資的立場來看，很像跛腳的人。

　　我之所以經營如此極端的無負債事業，是因為個人的心靈創傷。年輕時我一邊做生意，一邊拆東牆補西牆還信用卡債務，不斷盲目地挑戰。因跳票常常接到銀行的電話，想到那情景至今仍然心有餘悸。那段日子我甚至出現「圓形禿」，有時只要

看到銀行的招牌，心臟就怦怦跳。有句話說：「一朝被蛇咬，10年怕草繩」，記得小時候我們去抓青蛙，把手伸進土坑裡，結果摸到的是蟾蜍粗糙的背部，我非常驚嚇，至今看到蟾蜍還是覺得毛骨悚然。長大後銀行對我來說就是那種恐懼，到現在我還是不太喜歡去銀行，有關需要處理的銀行業務，我會請銀行職員帶著文件到我辦公室來。

沒借貸的人信用評價差

因我知道債務的可怕，所以下定決心不再向銀行借貸，至今也仍然堅持著，但現在似乎是該擺脫創傷的時候了。在一般市場上，我是信用評價比較差的人，其實也不能說不好，因為我從未向金融機構借貸，也沒有還款的紀錄，所以無法衡量信用評價。沒有這些往來明細，就會被定義為信用不好。在過去的20年間我從未借貸過，所以只是沒有評比的依據而已，但從另一方面來看，或許也是信用度最高的人。也許正因如此，美國最大的銀行向信用評分最差的我這個亞洲男人，發送了兩張文件，並為我開立了一個利息2%，信用額度達2,000萬美元的帳戶。雖然已經辦好6個月，但我還沒有使用。

其實負債有好的負債和壞的負債，因我決定遠離壞的負債，所以連那些好的負債也都推辭掉了。這對經營者或投資者來說，我想也算是無能的表現，因我個人的心靈創傷，對事業風格造

成很大的影響。因此形成了極度保守經營，一不小心就無法跟上競爭者或市場的平均利潤。許多大型企業雖然有累積儲備金，卻仍習慣透過發行公司債券來創造額外的收益。信用就是金錢，如果有信用，就應該使用那信用，但我只是把它綁好放在那裡。

好負債的條件

當然現在我還是堅持不想使用壞的負債，但現在我們已經成長到可以使用好的負債了，就是到了可以再去摸蟾蜍的時候。從會計學的標準來看，淨資產和負債合併就等於資產。從單純的角度來想，會不明白為什麼負債是資產，就像有人買了 5 億的房子，貸款為 4 億，卻說自己的資產是 5 億，這聽起來有點不合理。資產、資本、淨資產、財產等用語，在會計上是有區分的，也有明確的會計項目，但一般人的想法卻是「全部還清之後，還剩多少」。

所以一般人認為借貸的錢是別人的錢，要敬而遠之。其實當你借到錢的那一刻，就可以隨意使用它，所以也就是你自己的錢。如果你認為這些可以隨心所欲的錢就是財富，那麼債務越多，也就有可能成為富有的人。但是有幾個條件，如果按照這些條件使用錢，就能變成好的負債，若違反這條件，就會變成壞的負債。其實負債沒有好壞之分，是由個人決定將它變成朋友還是暴徒。為了將負債變成好的債務，需要以下幾個條件：

　　第一，不可用在消費上。如果將它用在純粹支出、旅遊、償還債務等方面，就會招惹其他更多壞的負債。必須用在能產生額外的利潤和資本的擴張。

　　第二，要有固定的收入，而且以後能夠利用這負債創造固定的收入。再好的投資，如果不能保證一定的現金流量，反而會被債務纏身窒息而死。因此要有餘力固定支付債務的利息，或者由債務本身所產生的利潤來支付。

　　最後，從投資中產生的 ROE（股東權益報酬率），必須高於從負債中產生的利息。如果投資收益小於債務利息，這負債當然會變成壞的負債。以年利率 3% 的貸款購買年利率 6% 的大樓，支付利息之後剩下 3% 的利潤。公司製造商品後，剩餘 30% 的利潤，則可以增設工廠設備來賺更多的錢。此時若能以 5% 的利息獲得融資，從增加的生產設備中獲得 25% 的利潤，那就是好的負債。換句話說，如果**能用便宜的利息賺取更多的利潤，那麼這筆負債就是非常好的負債。**

　　從我口袋裡拿錢出去的負債是壞的負債，而為我帶來錢的負債則是好的負債。無法控制的負債是壞的負債，在控制範圍內運作的負債是好的負債。

　　大企業若沒有使用這種債務，不太可能會成長。想要成長

或投資，就需要向銀行借貸才能慢慢增長。投資房地產的人也差不多，認為「絕對不可負債」的觀念，是因為沒有弄清債務的功能。

　　盼望大家從這一篇的內容中，得到的資訊不是「負債沒關係」，負債確實是恐怖的。不懂得用刀子，就會切到自己的肉，若操作遊刃有餘，便能烹飪出精美的菜餚。但是刀子仍然是危險的，必須小心操作。

03 對於權威或專家要常抱持懷疑

任何人的意見都不能代替我們的決定，
我們需要自己判斷、學習並做決定。

　　我不太相信專家們，對於律師、醫生、會計師、投資專家以及銀行理財顧問等專家的意見或提案，總是抱持懷疑。我也不太在意高層的政治人物、著名的作家、大企業的經營者以及藝人們所說的話。也從未特地去找他們曾經光顧的餐廳等，那個地方不會因為曾經拍過什麼電影，被炫耀出來就變得更美。我是一個比想像中高傲的人，我不知道名人喜歡的美食是否符合我的口味，我去住他們住過的飯店，也不會更提升我的品格。

　　他們的聲望或對世界的影響力，對我個人沒有影響。我認為醫生、律師、會計師、投資專家、宗教人士的所有意見，只是一個意見而已。無論用多麼高級的專業術語包裝，我都不會膽怯。我不是認為自己比他們優秀，但也不認為自己比他們差。因為這不是相對的比較。

不盲目屈服

　　無論多麼偉大的政治人物或著名的藝人，都有需要面對的部分。著名的學者身邊總是有一些與他觀念不同的學者；每小時 1,000 美元的律師周遭，也總是有反駁他意見的對手；經驗豐富的醫生，也有很多與他看法不一的同事。因此我不承認任何絕對權威。

　　我就是我自己，我是獨自存在的人，是一個獨立的人格。當我如此尊重自己時，就有了愛自己的尊嚴。這尊嚴使我尊重他人，同時不會盲目屈服任何權威。甚至連我們所愛的父母、尊敬的老師，還有神父、牧師和師父等，都無法超越我們的自由意志，神也不能奪走。因為我的存在不是為了神，而是神的存在讓我幸福。

　　在投資方面，銀行職員、證券公司職員、投資專家、前輩，或者世界最高的基金負責人、銀行的行長、政府高層官員等，他們任何人的意見當然也都不能代替我們的決定。我們需要自己判斷、學習並做決定。遇到投資的問題，就詢問買賣時機、前景和商品的這些動作，是低水平的行為，而回答問題的人也是如此。高手是問而不答，唯有「不知道」才是正解；那些覺得說「不知道」會感到不好意思的人，才會隨便亂說一番。

　　投資也是一種學習和經驗。實現富有、匯集資本的技術，都是從學習和經驗得來的，而且這些都需要自己去完成。

　　聽了別人的意見之後而投資成功的人，也可能因為聽了別人的意見之後破產。讓自己成為大人物，使別人以你為傲。**我們尊重世上有權威的人，但要保持懷疑的態度直到最後。**希望各位能成為制定規則的人，絕對不要被駕馭。自己制定規則，有一天規則就會消失，到那一天自己才會站立得穩。

04 讓錢找上門的 七個訣竅

1. 丟掉所有不合乎品格的惡習。如說髒話、發牢騷、輕浮的坐姿、嘲笑他人、穿著邋遢、約會遲到或變卦等，這些都是沒有品格的行為。

2. 不要猶豫尋求幫助。多問多請教，登門拜託。一定會有願意回答問題、給予幫助、歡迎我們的人。

3. 做好犧牲的準備。小的目標伴隨著小的犧牲，大的目標伴隨著大的犧牲。為了讀書需要放棄睡眠，為了存錢則需要花更多的時間工作。

4. 記錄並整理。要整理所有的投資明細、情報、突發的創意、名片、網站密碼、購買紀錄等並記住。這是財產，同時也會保護我們。

5. 要有長期目標。登山必須爬到山頂才能看見山峰，不要被立即的刺激誘惑，要尋找一生值得持守的價值。

6. 千萬不要想得到眾人的喜愛。不要看人的眼色，毅然決然面對別人的指責，也不要冒著生命危險建立群體關係。真正的朋友兩個也嫌多，家人的支持是所有一切的基礎。避免與負面的人來往，要與比我們優秀的人交往。

7. 不要認為時間很多。現在投資都算晚，唯有年齡是不勞而獲的。你若早一點投資，就會早一點致富。

05 上班族成為 有錢人的方法

當成一人公司的經營者時，就要常常
思考和努力改善服務。因為顧客的收入增多，
你的收入也增加，而且還會升遷。

　　我們去上班的理由大致分為三種：看重穩定生活的價值、
對於創業的恐懼比希望更大、雖有創業的欲望，但沒有創意或
資本。如果不得不上班，那麼要一個上班族成為有錢人，那方
法就是成為經營管理者或總經理。

　　但是，想成為經營管理者或總經理，本人卻仍然走在上班
族的方向時，達成的可能性則微乎其微。你的工作方向要朝著
給予薪資、下達指示、工作不受時間限制的「雇主」，而不是
拿薪資、接受上面的指示、在規定時間內工作的「勞方」。換
句話說，**要將自己視為一人公司，把主管或公司視為你的顧客，
不要把自己當作按照指示工作的雇工而已。**

　　自己就是經營「我」這一家企業的老闆，將自己想成「與

公司簽訂企劃服務合約的商業夥伴」，而不是企劃組的職員。
如果公司滿意我的服務，就會更新合同，即使需要提高費用也
甘心樂意。把自己當成一人公司的經營者時，就會常常思考和
努力改善服務。因為你顧客的收入增多，你的收入也增加，而
且還會升遷，帶來連鎖反應。

成為公司合夥人

對雇主來說，公司的收入因一名員工而增加時，就很難按
照一般員工的制度給予他薪資。會怕他辭職，也擔心他去創業，
最後只剩下讓他成為合夥人的這一條路。就算不能合夥，也要
將他升遷，給予他較高的薪資或分紅利。

從公司的立場來看，員工有三類：第一類是工作績效低於
薪資的人、第二類是工作績效和薪資相稱的人、第三類是創造
出比薪資還要高利益的人。第一類工作績效低於薪資的員工會
被解僱；第二類工作績效與薪資相等的員工，只能維持原位，
不容易被升遷；第三類能創造出比薪資還要高利益的員工，則
會獲得升遷，並且被接納為合夥人。

以我的標準來看，那工作績效和利益比薪資高的人，他所
創造的利益，至少是他薪資的 3 倍，因為這樣他的薪資與公司
的利潤及盈餘才是相當的。但是在職場上，也有些人即使沒有

實際創造出 3 倍的利益，卻也能獲得升遷和報酬。如果一個人能力傑出但沒有忠誠度，另一個人忠誠度高但能力不足，那麼老闆會提拔誰呢？

　　忠誠度是必要的條件，能力則是可選擇的條件，所以一個員工雖能力稍微不足，老闆也會因他高度的忠誠度使他升遷。理由很簡單，因為能力強卻沒有忠誠度的員工，會隨著績效提高而出去創業或要求合夥。因此個人只要有略高於平均水準的績效和忠誠度，就能成為高層管理者的候選人。

工作的兩個成功關鍵

　　只要有兩樣值得關注的行動，無論在哪裡工作都能成功。第一是報告的時間。

　　接到主管的指示之後完成了工作，就需要向主管報告工作已完成。你或許認為「做完就可以了」，但從主管的標準來看，就等於沒完成。如此小小的動作帶給主管很大的影響。在下的職員們也因類似的問題而備受困擾，但實際上自己也不會對上司這樣做。主管也不太容易每次向下屬確認工作完成與否，有時連自己也忘了。但是有一天，他發現所指示的內容沒有報告，被遺漏了怎麼辦？這種事只要發生一次，就會留下不好的印象，可能那些過去 99% 按時完成的工作都毫無意義了。

　　相反的，若能按照指示執行，並立即向上級確認，特別是你向主管確認完成的工作是被遺忘的部分時，便在上司心目中留下信任的印象。第二個是「禮貌」，俗話說：「有禮走遍天下」。在不造成令上司為難的情況下，無論在電梯或餐廳裡遇見你的主管時，就主動向前問候，這是在幼稚園學習的禮節。鄭重地問候，意味著兩人之間產生了一種關係，有了關係和因緣才能成事。英文有一篇「推繩子」（pushing on a string）的文章，一輛帶有繩子的玩具車，我們拉那繩子，玩具車就被拉過來，反過來推繩子，玩具車怎麼也不會動。玩具車只有在拉它的時候才會有反應，上司們也只有在部下「拉」他們的時候才會有回應，而「問候」就是那條繩子。上司們不會隨便「拉」屬下，因為還不確定他們是否是忠誠的。

　　總而言之，在職場成功的原則非常簡單。把工作當成自己的事認真工作、立即報告、有禮貌就可以了。特別在小企業裡，只要做到這幾點，幾年之內就有可能成為高階主管。從經營者的角度來看，這樣的員工是顆寶石。老闆的心自然被他吸引，總是想為他做點什麼，甚至有種「終於找到了接班人」的想法，會非常珍惜他，因為老闆認為極少有這種態度的員工。

　　若成為高階主管或總經理，就有可能得到比一般上班族高10至20倍以上的收入。並且根據公司的情況，還可能有特別津貼和股票選擇權，或者透過參與經營來認購股票。

持續投資

上班族要成為有錢人的另一個方法就是投資。就是持續將 20% 的薪資存下來創造種子資金，並持續投資。在職場上領薪水的人，若不用投資來致富，那只有與富豪結婚或中樂透這一條路。

若不夢想透過升遷來達到成功，或者認為無機會，那麼就要勤奮地學習投資。**如果不投資，只想用退休金來養老，人生後半場可能會變得很悲慘，這世界沒有完全有保障的工作**。就當作沒有這 20% 的薪資，並且以正確的方式存 20 年以上，大部分人都能富有地退休。然而投資也需要幾經熾熱的學習過程才能帶來成功。

就當作自己有兩個職業，並持續不斷地學習和觀察經濟。你不能認為投資是儲蓄，儲蓄不再是投資，也不是零存整付，更不是保險。還要另外學習能夠賺得物價上漲率以上，以及平均股價指數以上的技術。如果沒有這個技術，那麼希望你能保持禮貌、尊重老闆。若能實踐這兩個方法，雖然是工作穩定的上班族，保證也能成為百萬富翁。

06 教練重要
還是選手重要？

資產本來是寫著擁有者的名字，
是屬於一個人的，但也是各個不同的錢，
正如同一支球隊，選手卻有多名一樣。

對於足球比賽的勝負有個爭論點：究竟教練的角色和選手的角色哪個比較重要。從球隊比賽的特性來看，教練的重要性毋庸置疑。2002 年韓日世界盃，以及最近在越南擔任教練的朴恆緒的活躍表現上證明了一點：一樣的團隊成員，在換了一名教練之後，榮獲了卓越的成績。

優秀的選手要發揮技能，需要有遊刃有餘駕馭戰略和戰術的教練，調整球隊內部的角色，讓選手發揮應有的能力。他要決定哪個選手什麼時候進場、什麼時候退場、要在哪個位置與對方的哪一名選手交手。因此球隊的實力會隨著教練的判斷而發生變化。

　　資產的投資也是一種團隊競賽。韓國的投資比起資產分配（asset allocation）更傾向於只關注投資的部位，有很多關於投資何種商品的研究和資訊，相反的，對如何分配資產卻興趣缺缺。這如同組好了一支球隊，但沒有教練（資產分配），選手（部位）全都上場做前鋒，而守門員也分擔了前鋒的功能，無人守球門的情形一樣，甚至主要選手或候補選手全都上場了。

每筆錢都有自己的故事

　　資產本來是寫著擁有者的名字，是屬於一個人的，但也是各個不同的錢，正如同一支球隊，選手卻有多名一樣。因匯集金錢的過程不同，所以金錢裡面也有欺生的。有的錢叫做本金，有些是來自外國的傭兵——美元和人民幣。而且各自的合約期限也不一樣，有的是將在 1 年之內出去的錢，因為它是結婚預備金；有些錢會進來勾引其他的錢，因為要在 3 年內買房子；有些錢將一輩子做土地爺，因為它會存活到最後，成為退休金和遺產。

　　每筆錢都有它自己的故事、目的和期限，因此在投資之前必須先訂定，並透過資產分配來計畫要在何處、以何種方式來投資比較恰當。若沒有認真地思考這個過程，那麼就像沒有教練就上場比賽的球隊一樣。無論何種比賽，都需要團隊合作，只有一、兩人的球技表演很快就結束了。**再偉大的選手，也不能獨自防守、傳球、帶領比賽，否則不用猜比賽一定會輸。**

建立自己的有價證券投資組合

　　所謂資產分配，就是以現在的資金，根據它的目標或承受風險能力（risk tolerance）以及投資期限來分配後，訂定投資的方向。資產的種類隨著政治、社會的條件而帶來收益率或風險性的變動，因此要避免集中在特定資產上的風險，要創造符合投資者目標的資產組合，這就是有價證券的投資組合（portfolio）。每個投資者的年齡和收入都不同，使用計畫和預期收益也不一樣。

　　第一，檢視自己的財務狀況。第二，確認投資的目的。第三，設定風險承受度。要將這些變數考慮進去，根據投資項目來分類。

　　企業的基金管理者，可能認為資產分配比投資更重要。因資產分配若做得好，投資反而變得更容易。比起個別投資項目的選定、買進、賣出的時期，如何投資於何種資產更能創造大部分的收益。

　　但是現實的投資世界，只見選手不見教練，忘記資產分配價值的重要性，只尋找該投資哪種項目，於是時常出現失誤。無論是何等優秀的投資天才，也無法每次都預測成功，順利地買進賣出。唯有分配才是維持資產的根源。

　　建立自己的有價證券的投資組合時，首先要做的就是準確地確認和了解本人所投資的資金類型。正如你是教練，必須先認識自己團隊的選手一樣。每個選手的實力不一，優缺點也不同。同樣的，金錢的用途和耐心也都不一樣。教練要考慮安排哪個球員在前鋒，以何種方式讓幾名防守員上場。他必須根據對方球隊來計畫比賽，考慮除了守門員之外，該將十名球員的陣型分為「4-3-4」或「4-2-4」，還是「3-5-2」。**資產分配不是將 100% 的資金全部投資在股票上，而是劃分為債券、房地產或儲蓄商品，需事先考慮各種資產可持久的時間，並設定每種資產的預期利益**，這所有一切都是資產分配。

　　我認為在投資上，教練比球員更重要。簡而言之，做好資產分配是投資利益的全部。其實資產運用良好的基金公司，都具備明確的分配政策。**運用資金的首要義務是不能有損失，如果沒有資產分配的策略，總有一天會失去所有，無論過去賺了多少，都可能一次全都消失。**

　　盼望各位將全心關注投資產品的心，投入在資產配置當中。

07 與銀行討價還價？

我們的選擇決定我們的命運，
若相信自己只能在別人既定的事情當中選擇，
那麼我們只能活在別人制定的人生當中……

　　「您要享用牛肉呢？還是雞肉呢？」在飛機上聽到空服員問這問題，並不表示只有兩個選擇，我們可以回答：「兩個都要」。若某家著名的餐廳規定「未預約，恕不接受」，就請他們將我們排在候補的名單上，因為可能有些客人會臨時取消訂位。當銀行的行員拿出定存的表單，一邊在上面圈出一邊告訴你定存利率為 1.9% 時，就要求他 2.08%。

　　不管是什麼，提供的選擇權限，大部分都不是最終的選擇權。有時候「不選擇」也是一種選擇。
　　航空公司會根據乘客對雞肉和牛肉的喜好比例來準備餐盒，但有時也不準，點餐的比率有時較偏向一種，而一邊有剩餘的情況。若有剩下的，空服員就會送來。著名的餐廳也會有一定比例的顧客，最後會有取消預訂或無法準時到達的情況。

但是餐廳為了提高品質，還是堅持預約制度，所以對沒有預訂就進來的客人，不能公開告知還有座位。若是穿著端正又帶著禮貌、尊重的語氣請求候補座位時，大部分都會排到座位。

以資訊為出發的請求

1.9% 的利率是銀行想要出售的價格，但是如果你知道隔壁銀行同樣的活期儲蓄存款利率是 2.07% 時，就可以提出 2.08% 的要求。不想失去客戶的銀行經理會自行斟酌，其實每家銀行內部都有例外的規定。外幣兌換的手續費也一樣，可以不管基本的匯率，提出自己希望的匯率，因為每家銀行的兌換優惠匯率都不一樣。不要停止在九折的優惠匯率，試著提出自己想要的優惠匯率。因為外幣兌換的手續費率隨著各個銀行有 1.5% 到 1.9% 的差異，因此就算九折的優惠，也有一番差異。1 萬美元（以 1,200 萬韓元的匯率計算）1.5% 手續費的九折優惠匯率和 1.9% 手續費的七折優惠匯率，差額是 5 萬 400 韓元。

我的意思不是要大家表現強詞奪理，而是遇到被要求選擇或要選擇的情況時，不要以為只能選擇廣告內的選項。強詞奪理反而會把事情搞砸，會讓我們變成無禮的人；但是以資訊為出發的請求是對我們有利的，不會造成對方的損失。反正飛機上那些剩餘的餐盒，在降落之後就會立即銷毀；餐廳本來要浪費的食材，也可以在不失品味的情況下，讓它變成額外的收入；

而銀行也會多一位顧客。希望各位不要忘記，世上所有的事情都可以討價還價。

　　我們的選擇決定我們的命運，若相信自己只能在別人既定的事情當中選擇，那麼我們只能活在別人制定的人生當中，而不是活在自己的人生裡。當然要增加選擇權，並且為了讓那選擇權成為我們的利益，就要懂得要求其他的選擇題。盼望各位能記得，有時候不選擇可能也是最好的選擇。

08 接住掉落的刀子

越是預測市場情況、掌握具體數字和時機的
專家，越會用完美的數據和言論包裝恐怖後
傳遞出去。

要接住掉落的刀子（股價下跌），就必須知道公司的價值，
而非價格。如果市場的變動性低於該價值，就要分期買進。因
此，要有投資的原則，而投資的原則是當你清楚該公司的價值
時才能實行。有很多人常拿出投資格言：「不要接掉落的刀子」、
「絕對禁止加碼買進，將停損當作投資指南」，然而這樣的教
導是針對那些靠技術投資或動量投資者說的。

對於那些價值投資的人來說，當刀子掉落時，就是買進的
時候。只是實際發生那種情況時，要接住掉落的刀子是相當恐
怖的。但是那時候沒能接住的人，等跌得越多就越無法接住了，
最後就遠離投資。

當刀子掉落要去接住時，若戴上皮手套會如何？這雙皮手
套的一邊是分期買進，另一邊是確信公司的內在價值。當股價

下跌時，沒有不會感到恐怖的投資人。若有人說自己完全沒有感覺，那麼那些錢可能不是他的，或者是他說謊，不然就是精神病，三者之一。每個人都會覺得恐懼。

看懂騙局

投資不是與市場的抗爭，而是與自己的交鋒。如果為了減少那恐懼感而去分期買進，使用閒置的資金，並且以低於價值的價格買進，就要遠離經濟財經分析的報導和股價監視器。

越是會預測市場情況、掌握具體數字和時機的專家，越會用完美的數據和言論包裝恐怖後傳遞出去。他們把同一個情況解釋成相反，而且他們的心從早到晚變化莫測。算命專家一次拋出一堆各種預測，只因中了其中一個而受到好評。曾經猜中韓國第 16 任總統當選人為盧武鉉的算命專家，一生都在宣傳他的能力，但連他本人都忘記他曾說李會昌會當選第 15 任總統、鄭東永先生會當選第 17 任總統的事。

從媒體中看見廣告內容：「如果買我們推薦的亞馬遜或 Netflix（網飛），現在已經賺了數千倍，所以一個月只要付 10 萬美元，我們就會告訴你將會飆漲的幾檔股票。」說得像命理師一樣天花亂墜，但這是騙局。因為在他們推薦的項目中，以退市或不會上漲的項目居多。

假設你向 1 萬個投資人發送郵件，向其中 5,000 人發送明天股票會上漲的訊息，又向其餘 5,000 人發送明天股票會下跌的資訊。第二天，再向屬於那正確預測的 5,000 人的一半傳送會上漲，一半則傳送會下跌的訊息。這樣經過一週五次的發送之後，那剩下的 312 人就會把你當成股神。現在這 312 人，不管你怎麼騙他們都會相信。許多經濟學家也大同小異，即便 1 年只有一次預測正確，仍然可以繼續扮演專家的架勢。

學會正確握住刀鋒

真是神奇！預測得越不正確，所談論的理論越精美。讓人聽著聽著，合理價值和分期買進的那皮手套便一一解體，切傷你的手指、割斷你的手腕。我敢斷言沒有一個，因看了股市行情的媒體報導之後投資成功的人。光聽那些市場分析的專家們兩三個月前的報導，就能看出他們是多麼穩重又有格調地傳達錯誤的預測。

真盼望至少能有一個投資節目，是以價值為中心來解釋投資，而非以買賣為主。打電話到電台詢問某支股票是否會漲跌這種一來一往的行為，才是拆毀股票市場重要價值的行為。證券節目預測價格、分析圖表都是如出一轍，他們不會為大眾評估公司的價值。市場上只有交易沒有投資，所以只充斥著投資股票之後而破產的人群。

　　我在 30 歲那年，學了當時在美國剛開始普及的圖表分析訓練技術後，第一次投資了股票。由於當時的失誤賠掉了全部的財產，之後二十多年來再也沒有接近股票市場。未來是新的，但我從過去推測未來。雖然根據過去的數據投資，便能產生利潤，但當時我並不知道其實目前呈現的數據，就是新的過去。當我知道這一點的時候，是已經失去全部財產以後。那不是投資，而是投機和賭博。因為我所學的是錯誤的投資，所以賠光了累積多年的財產並負債，之後就不能投資了，我就這樣浪費了珍貴的 20 年。

　　接住掉落刀子的勇氣，以及接住那刀子時所受的傷，讓我明白有一天正確握住刀鋒、收割一捆莊稼的秋收季節一定會到來，這是我將近 50 歲才學會的功課。現在才弄懂也真是萬幸，我只是希望我的失誤能成為年輕人的警惕。

09 會計師很會投資嗎？

降低風險才是成功的捷徑，投資者去冒險就等於投機。要過濾掉沒有利潤或預測虧損的公司，就必須學習理解財務報表。

所謂的價值投資，就是以適當的價格買進成長可能性較高的企業股票，若超過適當的價格就賣出。此時要找出股票是否為合理的價位，最正確的工具就是該企業的財務報表。一般人很難了解一家公司的財務報表，因為不僅很難理解那些用語，而且也看不懂。那麼精通財務報表的會計師，真的很會投資嗎？

投資分為資訊和心理，對財務報表的理解和解釋的能力是屬於資訊。我們在亞馬遜就算購買一支 20 美元的眼影筆，也會確認商品評價是否超過四顆星，並搜尋看看有哪些負評。在書店購買一本 1 萬韓元的書（約台幣 250 元），也要確認書評。但是我們購買股票時，既不看商品評價，也不看書評，單單靠著未經證實的傳聞，也能非理性地決定讓數千萬、數億韓元出擊。

降低風險才是成功的捷徑

我們應該學習閱讀股票的商品評價——財務報表，財務報表是一種企業的成績單。沒有比財務報表更能確認該企業今後是否更加成長，也可以藉此確認過去和現在表現是否良好。財務報表就像一個學生即將進入大學的成績單一樣，從成績單上可以推測該學生之前的功課情況，如果該學生之前的功課很好，將來功課更好的機率也會很高。如果成績不好，可以推測今後也沒什麼太大的發展，因此成績單是決定錄取的重要標準。當然功課好的學生，畢業之後也不見得有突出的成就，相反的，有些學生現在不太起眼，但日後卻有可能創造極大的成功。

但投資是以概率為基礎獲得成功的，因為要把失敗降到最低，成功機率才會提高。當然降低風險才是成功的捷徑，投資者去冒險就等於投機。要過濾掉沒有利潤或預測虧損的公司，就必須學習理解財務報表。

當我開始經營自己的公司後，發現公司成長初期，營收比利潤重要，之後營業利潤比本期的淨利潤更重要，如果現金流量不佳，便會導致黑字倒閉。公司財務報表中包含了這所有的資料。本期淨利可以透過出售公司的建築物或其他投資來增加，但如果營業利潤正在萎縮，則表示事業本身很艱難，而且正一點一點地出售公司來維持營運。

一切都從理解財務報表中獲得

　　若資本多但只保有現金而沒有事業投資時，一樣要抱持懷疑；相反的，如果增長過快以致銷售增加，卻沒有產生利潤時，也有可能是好的。因為這種公司只要掌握市場，改善利潤結構，就會成為獨占市場的強者。這一切都是從理解和確認財務報表中得到的。

　　我經常看到身邊許多從事專業工作的人，沒有將本人職業的特性運用在自己身上。甲狀腺專科醫生罹患甲狀腺炎，雖是律師也被欺詐，身為會計師卻根據傳聞來投資的情況都非常普遍。我也從未見過一項根據或調查，是有關會計師比一般投資人呈現更好的投資收益，也沒有醫生比一般人更健康的調查，身為律師也不能保證更有效率。

　　但是只要自己願意，醫生也可以活出最健康的生活，律師可以得到最公正的待遇，會計師可以是最會投資的人。他們與一般人沒有特別的不同，這並不表示他們的專業知識無用，而是因為會計帳簿裡沒有投資的時間和投資心理。正如鋼琴調音師也不代表會演奏一樣，會計師也只是透過帳簿來檢查公司的品質而已。雖確認過事實，並不表示可以準確知道投資買進和賣出的時機。

　　這是多麼可幸啊！否則世上所有的資產都歸會計師所有了。當然如果能比其他人快一步取得品質檢查的結果，就有可

能創造出相當可觀的投資利益。所以法律禁止那些審計成長型公司，而且能知道結果的會計師投資該相關公司。

務必學習看懂財務報表

其實這是非常簡單的問題：假設我是目前我所投資的公司現任老闆，我就可以吩咐下屬將本月財務報表拿來。若要了解自己公司的狀況，則需要閱覽此文件來掌握情況。希望各位找一天把自己當作正在經營此公司的老闆，並翻閱會計帳簿，如此便能看懂它。

很帥吧?! 股東也是老闆，若有不了解的部分，就主動學習、詢問。即便是會計師也不會特別有這種優越突出的能力。就像為了讀英文小說，要死背字母和單字一樣，我們也需要學習會計用語和結構才有可能了解它。**如果我們想成為富翁，並保有成功投資者的身分，請務必學習看懂財務報表。**

如果我有需要學習的功課，會一次買三十多本相關書籍，像是從漫畫寫成的會計學一樣簡易的書籍開始，到以專業圖書為主的會計學等。然後用一、兩個月不斷深入研究，直到累積一定的知識水平為止。最後就能達到聽得懂並且能評價的程度，如同在大學修一門課程一樣投入。這是人生必須要做的功課，所以我建議大家將市面上簡單或較難的會計學書籍全部買下來，並且去尋找相關的演講聆聽。

10 金勝鎬的 投資原則和標準

不投資是最糟糕的投資，資產要常保持在
投資的狀態。當然為了投資而待命的資本
也算投資，但是沒有任何計畫或毫無欲望的
資產會逐漸死亡。

當比特幣不到 100 美元時，我聽到我大兒子因興趣而投資，
之後以 160 美元賣出。這時我教導他「欲速則不達」的道理，
凡快速得到的利益，最後都不是利益。即使後來因這投資賺了
錢，但這些錢會再去追求類似的利潤，最後就會消失不見。雖
然有人會說：「如果我能一下子賺到這麼多錢，就會立刻收手，
那麼就可以逍遙一輩子啦！」但是一旦賺了那麼多錢，就會到
處尋找這樣的投資管道，最後還是會失去全部的財產。**這種意
外的幸運，對一個企業家和投資人而言，如同吸毒一樣。**

注射了這種毒品，絕對不會再對 3%、5% 的利潤感興趣，
只會專注 10 倍、20 倍、100 倍的利潤，不斷地去尋找主力股或

熱門股。相信自己的事業會一夕之間翻轉人生，一生都在尋覓投機事業，或者像金銀島投資、金礦、製藥股等一樣的彩虹雲。

　　這種幸運不是幸運，所以所有能快速達成的事或高利潤的事，我都與它保持距離。如前所述，我不會投資在任何傷害生命、不尊重生命的行業，也不參與。個人生命與所有的生命息息相關，如果我們隨便對待生命，大自然或其他生命也不會尊重我們，幸運會離去，健康、人也都離我們而去。

　　不投資是最糟糕的投資，資產要經常保持在投資的狀態。當然為了投資而待命的資本也算投資，但是沒有任何計畫或毫無欲望的資產會逐漸死亡。沒有一棵樹會如此說：「我這樣就夠了」或「有這些陽光就可以了」，因為當周圍的樹木長到一個地步遮住它的陽光時，它就結不出果實，最後枯竭而死。所以最壞的投資，就是什麼都不做的投資。

用賺來的錢買時間

　　我賺錢是為了買時間，我是一個用財富將人生當作禮物送給自己的人。無論做什麼，或不做什麼，都是我的自由。所有的時間都是為我所用，所以我可以學習任何東西，得到需要的一切。我有能力聘請周遭最優秀的專業人員來確認情報，並向他們徵求意見。隨著資本的增加，投資對象情報的數量品質就越不同，並會產生更好的資產投資結構。**我用賺來的錢買時間，**

**因此時間讓我得以學習、遇見專家，又得到更好的情報。這樣
的良性循環可以繼續下去。**

　　無論購買房地產還是股票，我絕對不會跟風。不管待售商
品有多好，我會提出我計算的價格並伺機而行。我所設定的價
格只是以我資本的規模和出租利潤為基準，對方提的價格根本
不重要。雖然有些賣家對我提出的價格感到受侮辱，但如果我
以對方的價格購買，那就是我的屈辱了。

　　這就是「不」的精神。股票也是若達到我希望的價格，我
就按著指定的價位買進，不必窮追糾纏。我會確認配息率，核
算適當的價格，然後等候 1 個月、2 個月，甚至 1 年。不必每次
都想從市場獲利，我不認為別人的利益是我的損失，因為我可
以從下一次的交易中獲利。如果不來討價還價，就不去討價還
價。這是無情的戀人，就是「不，算了」。

　　年輕時，我偶爾會去拍賣場買椅子、冰箱、推土機，甚至
還買過馬。那時我一樣會設定好我想要的價位，若超過這個價
位，就冷靜地轉身離開。有時我用 200 美元買到一匹馬，有時
也會用 1 萬 2,000 美元買到價值 6 萬美元的推土機。就是本著
「不，算了」的精神。

可怕的是貪婪和泡沫

　　我不僅不害怕鬼魂或天然災害，反而覺得頗具魅力。剛上

國中時從學長口中聽到了一些故事，於是曾在星期六晚上12點，去探勘學校的公共洗手間。因為我很好奇，是否真的像他們所說的，會有鬼遞給我紅色或藍色的衛生紙等之類的事。我拿著手電筒，從一班到十班，打開所有的教室和洗手間，就是沒看到鬼。曾經有一段時間，我也很想去觀看暴風和龍捲風，所以很認真地思考這件事，但因為妻子的勸阻而作罷。

現在我仍然強烈渴望看到活火山爆發和阿拉斯加冰山崩塌的景象。我也不怕獨自到山上野營，我很想體驗自我想像的恐怖或大自然帶來的恐懼，但問題是這些都無法讓我感到恐懼。反而股市崩盤比鬼魂或暴風更可怕，但是比這種不景氣或恐慌更可怕的是貪婪和泡沫。恐懼會悄悄尾隨，而貪婪來臨時，則要逃之夭夭遠離它。

市場景氣再怎麼不好，5年就會回轉。因為政府改朝換代，產業也改變了。我學到房地產不是用來買了又賣出的，如果想賣出，那乾脆賣股票還比較好。所以我會試著把它放10年，我至今還沒賣過任何一樣，事過之後，總是覺得沒有賣是對的。無論是股票或房地產，我會尋找一輩子都不需要賣出的商品。

任何類型的行業，若在該行業中排名第一，它就有定價權，這是領導業界之人的特權。不管是房地產還是股票，我都會尋找第一名。購買房地產時，我會選擇那城市最昂貴的地區；購買股票時，我會買該業界排名第一的股票。與其買百事可樂，

不如買可口可樂；比起 Mastercard 卡，我會買 Visa 卡；比起富國銀行，我會購買摩根大通。但我也會注意那覬覦第一名的第二名，例如比起投資沃爾瑪（Walmart），我也會投資像好市多一樣讓第一名忐忑不安的第二名。因為它可以成為一頭年輕的獅子替代老獅子，但是對第三名就興致缺缺了，在我的頒獎台上，根本沒有第三名的位置。

　　總結投資原則與標準如下：
1. 遠離一切快速賺錢的工作。
2. 不在任何危害生命的事業上投資。
3. 不做不投資的事。
4. 用時間來賺錢，用賺得的錢買時間。
5. 不追趕。
6. 在危機中投資，跟隨價值，遠離貪婪。
7. 股票至少持有 5 年，房地產是 10 年。
8. 投資股票若非業界第一名，就是第二名，但要放棄第三名。

11 讓孩子成為 有錢人的方法

當別的孩子正在引頸期盼蘋果新手機的時候，
有些父母與孩子們所談論的，卻是蘋果公司的
股息政策、該公司庫藏股的買賣動向⋯⋯

我幾乎能確定大部分的父母聽了這方法之後，不一定會傳達給孩子。如果有父母傳達了這祕訣又願意支持，那是因為本人已在進行了。

最近調查小學到國高中生將來的夢想，結果是偶像、社群媒體網紅、地主、運動員等職業。高年級的學生較偏向老師、教授、公務員等穩定的職業，而這些夢想的目的就是高收入或穩定收入。有些孩子不太喜歡讀書，若不催促他就不讀，那麼有一個很適合他們的精彩職業。這職業需要具備固執、對抗、抵抗，還要有懂得說「不是、不要」的能力，那就是企業家。

我想告訴這些孩子們，企業家能夠坐上企業家的位置，就能成為僱用從事多種行業的人，或者與他們一起工作的夥伴。

為孩子開立股票帳戶

　　想要教導孩子成為企業家的方法，就要從小開始為他們開立一個股票的帳戶。國中是最佳時期，大學也很好。首先存入相當於一、兩個月補習費的金額，再用其中的 70% 購買韓國最大公司的績優股，用 30% 讓孩子自己選擇要購買的公司。在孩子們使用的某些物品品牌中，會有一些在同儕之間很受歡迎的產品，或者提供服務的地方。父母與孩子們討論後購買這類股票，藉此機會教導孩子們如證券、品牌、公司價值、股息等經濟術語。當股票價格上漲或下跌時，可以與他們一起分析市場的行情。實際購買股票，看著自己帳戶裡現金發生的變化，學習相關公司和經濟的知識，與只是透過理論來學習的情況是天壤之別。

　　只要孩子們能跟隨此方法，而且又感興趣，便可以往企業天才的方向培育他們。天才不僅在音樂、運動或讀書方面，若教導他們企業觀念，也能培育出天才。當別的孩子正在引頸期盼蘋果新手機的時候，有些父母與孩子們所談論的，卻是蘋果公司的股息政策、該公司庫藏股的買賣動向，以及新產品預計銷售金額，因此這些孩子便能學會洞察政治、經濟、社會的所有層面。

　　正如玩遊戲時要有賭注才有趣一樣，孩子們也是有了證券帳戶才能看到這一切。**股票投資不只是單純的投資，而是一樣**

工具，它能幫助孩子們了解企業、國家及世界經濟，並且在現場看見公司的經營系統運作情況。猶如韓國首席執行長李約翰（John Lee）所提出的建議，與其把錢花在私立學校或補習上，不如從孩子小的時候就把這筆錢存入他們的證券帳戶裡，這些錢將會變成孩子的大學學費或創業基金。

不要過於低估孩子的潛力

如果孩子想創業或經營事業，就會主動尋找適合自己的學習，他們只是不知道為什麼要學數學或英文，而不是不願學習。他們若覺得自己需要讀大學，就會去讀。無論什麼，只要他們覺得有需要，就會主動去學習。帶著他們去參加企業人士的演講，或參與股東大會，或透過展覽會、訪問企業界等行程來鼓勵他們擁抱經營者的夢想。

韓國青年具有創新、卓越的實驗精神，但父母們反而希望他們能記取自己失敗的教訓，不要孩子們勇於接受挑戰。所以父母提出的方案和目標就是好好讀書，將來進到大企業工作，或者安定在專業的工作上就好。年輕人的潛力無限，父母們過於低估孩子的潛力了。**一個年輕人若下定決心，無法預料他會創下何等驚人之舉，發揮何等潛能。**

不要將父母放棄的經驗傳承給孩子，除非是涉及犯罪的事，否則無論孩子做什麼我皆不干涉。做自己喜歡的事，做自己想

做的事才是人生。我們不知道一個孩子的能力會發揮到什麼地
步，所以希望大家不要限制孩子的夢想，只希望他們以進入大
企業上班為夢想的目標。

　　以色列是由國家、社會和大學帶頭積極幫助希望創業的青
年，以色列青年的夢想是在美國那斯達克上市，而已有數不清
的以色列人公司在那斯達克上市了，以色列人所持有的公司高
達 40%。

培養具挑戰性精神的孩子

　　為什麼韓國青年的夢想，不是在那斯達克上市，而是成為
地主呢？這是父母的錯。以色列人稱奇特的挑戰精神為「虎刺
巴」（chutzpah）精神，意思是指厚臉皮、大膽、魯莽、具挑戰
性的精神。這豈不剛好符合你的孩子嗎？

　　各位家裡或許有一個臉皮厚、大膽、不聽話又傲慢無禮的
孩子，從小就不拘形式不受權威的約束，又敢反抗，吹毛求疵，
我想這孩子正是有企業家的特質。因為沒有給這樣的孩子營造
一個鼓勵去挑戰和創業，以及不畏失敗的環境，所以那些有才
能、有創意的孩子，夢想就變成了穩定的公務員或老師。

　　希望在這次孩子的生日時，送給他們一份精彩的禮物，就
是一張上面寫著「企業家」頭銜的漂亮名片。當孩子拿到名片

時，立刻就變成了大人，因為他們參與了一部分的社會生產，變成社會的一分子。就算只是為他們開立儲蓄和投資帳戶，給予滿滿的鼓勵，就能讓孩子們具有在實際生活中勇於面對挑戰的精神。他們可以做自己想做的，父母若支持他們面對失敗和挑戰，就必能成功。

「雖然頻頻失敗，但沒關係，只要成功一次就可以了。」如果各位的父母曾如此支持你成為企業家，那麼各位現在是否也是某公司的老闆，而不只是上班族呢？

有一天你的孩子一定會將之前存在證券帳戶的錢，以幾百倍奉還給你。

12 如果還持有
三星電子股票

松鼠無論多麼靈巧地跳來跳去，
也贏不過屁股沉重的熊！

投資人常常發出充滿遺憾的感嘆：「如果當時沒有賣掉那檔股票，只是放著，現在應該是個暴發戶了。」雖然當時因股票漲了兩倍，所以就以為發了一筆橫財而賣出，但後來股票持續上漲，並超過自己賣出的價格，無法再以更貴的價格買回而放棄。

2020 年 1 月左右，三星電子的股價曾逼近 6 萬韓元。與三星電子自 1975 年 6 月 12 日上市不久後的修正股價 56 韓元相比，已經上漲了 1,063 倍。

根據經濟雜誌報導，如果當時以購買銀馬大廈 2,400 萬韓元的錢購買三星電子的股票，那麼現在可能已經漲到 192 億 9,730 萬韓元了。這裡面還沒有包括股利再投資，所以應該遠超過 200

億韓元。目前銀馬大廈的市價約二十多億韓元，兩者相差1,000%以上，算起來滿遺憾的。

但是不必惋惜，我想如今仍然持有1975年購買的三星電子股票，並且還沒有賣出的人，除了李健熙董事長及他的家人之外，可能一個也沒有。因為抱著主人的心態等待的人並不多。

是否該長期持有？

從一般的投資風格來說，有短期投資家和長期投資家，而短期中又有超短期投資家，長期當中也有永遠不會賣出的投資風格。價值投資者則屬於稍微不同的分類。以價值為基準的情況下，也會變成短期投資家。如果購買後急速上漲，超過了標準價值，就會出現與持有時間無關必須出售的情況。我不會告訴大家長期抱持股票是好的，但我認為能夠長久持有、值得長期抱持的股票，是一種了不起的投資。

安德烈‧科斯托蘭尼（André Kostolany，投資教父，被譽為歐洲證券界偉大的遺產）也曾歷經波瀾萬丈；傳奇的長期投資家──日本股神川銀藏，也曾遭遇過幾次破產；彼得‧林奇（Peter Lynch，金融投資人、富達公司副總裁）也曾經被迫辭職，但他很聰明，在這之前就主動離開了。他們都是長期投資者，但並非沒有經歷艱難。連最具代表性的長期投資家暨價值投資者──華倫‧巴菲特，也因2020年新冠肺炎引起的股市崩盤，

遭受了沉重的打擊。六類股票暴跌高達 50% 以上，而巴菲特的
傳統價值股票投資組合，受到格外強烈的襲擊。或許這是在他
11 歲就開始的 80 年投資生涯最後階段，以及一生的聲望上劃了
一道裂痕。

另一種交易方式

　　我不是個善於交易的人，不善於交易的人就不要有交易。
所以當我為了購買汽車而討價還價時，也先找出合適的價格之
後，只向業務員提出一次最終購買價格（drive out price）。

　　就是向他表達如果價格令我滿意，我就照單全收，否則就
當場離開，而且表示不會再討價還價。此方法大部分都讓我以
最合理的價格買到車，曾經還有在一個小時內就把車開回來的
經驗。

　　購買房地產時，我也幾乎運用相同的方法。議價完成後，
若又有其他的理由要求另外的價格，我會立刻終止交易。與其
再次來回議價，我選擇放棄交易。因為我不喜歡互相猜疑，不
喜歡也不善於協商。這種方式是對那些不太善於交易的人最好
的交易方法。所以我也討厭每次買了股票又要賣出，我會**選擇
一次買進後，可以長久不需要交易的公司股票。甚至我喜歡一
輩子都不需要賣出的公司股票。**

　　之前有兩個鄰居，其中一個賣了農地後，在首爾市郊各地

區，從事買賣房地產的工作，並賺了很多錢，但是他的孩子們必須一年轉學一次。終於他用那些賺得的錢住進了江南地區的大廈，正當他結束投資生涯之際，聽到曾住在隔壁的那個鄰居，因地價大漲，在那村子裡蓋了一棟 100 億韓元的購物中心。

　　松鼠無論多麼靈巧地跳來跳去，也贏不過屁股沉重的熊啊！不管事業還是人，若找到了素質高又真誠的人，就不要放手，一生順遂度日。

13 國際社交禮儀
與全球化的關係

若想得到與自己地位相襯的待遇，
就必須重新學習簡單的禮儀，提高自己的
品格和企業的形象。

　　我曾在中央大學帶領企業家進行為期兩年的全球化經營者
課程，他們是一群想要從韓國往全世界擴展事業的企業經營者。
曾有一週我帶著他們到美國洛杉磯及紐約，拜訪美國企業或企
業組織，讓他們體驗現場教育。

　　但是當我把他們帶到現場時，發現即便是韓國首屈一指的
品牌代表，也完全沒有具備國際標準的禮儀訓練。看到他們完
全沒有一般先進國的企業家日常該有的禮儀之後，我開始驚慌
了。其實他們的失誤在韓國是很自然的行為，不會被譴責或遭
冷眼。

　　於是我想在這些經營者的韓國品牌在進入美國之前，首先

要教導他們國際企業的行為標準。我下定決心把這些眾所周知的公司代表，當作幼稚園學生來教育。教導的內容大致是：

進入餐廳有人帶位之前，要在入口等候。任何座位都不要先坐下來。走路時注意不要撞到人，如果不小心碰到了人，就必須道歉。吃東西時，不要喧嚷著分享，吃的時候也不要灑出來。在飯店走廊要降低聲量。在公共場所排隊時，不要與前面的人貼得太近。在外面接聽電話時，要小聲點。到別人家裡做客時，不要隨便開冰箱。去訪問別人的工作場所或開會時，要穿著端正。去探訪企業時，不要穿拖鞋。在餐廳用餐要給小費，在韓國餐廳也一樣給小費。到雜貨店買東西未結帳前，不要先打開來吃。靠近鏡頭時，要懂得禮讓。看到黑人不要做出驚訝的表情。不要因聽不懂就罵人或批評。很多人一起行走時，要靠一邊走。不要坐在飯店大廳的地板上。不要將衣物和皮箱散放在飯店房間裡。不要將飯店的房間製造成垃圾場。從飯店出來時，每天在枕頭上放 1 至 2 元美金的小費。把頭髮梳一梳再出門。要留鬍子就留，要剃就全部剃掉，千萬不要留幾根在下巴。不要背著手走路。吃東西時不要發出咀嚼聲。當外國人說韓文時，就用韓文回應。不要詢問他人的年紀。後面若有人，要為他拉著門，尤其對女性，一定要拉著門。不要拉服務生的衣角。不要打嗝。不要摳耳朵。與人說話時不要眼睛注視對方，手遮嘴巴。不要在公共場合補妝。不要分發國旗。不要在飯店的房間裡吃泡菜。

成功，從禮儀開始

　　這些就是最高經營者大學培訓課程的內容，對他們叮嚀這些原則，讓我覺得自己不像一個大學教授，比較像幼稚園的老師。我們還沒有學會國際水準的文化禮儀，沒有資格取笑外國人。現在當我與學生一起出國參觀企業或參加展覽時，至少穿著休閒西裝到機場。因為穿著整齊，行為舉止也會變得幹練。我們不是去大川海水浴場，也不是去泰國芭達雅，所以出發之前必須先叮嚀一番上述內容。他們雖然都是成年人，都是知識淵博、帶領職員的公司代表，但他們若想得到與自己地位相襯的待遇，就必須重新學習。這些簡單的禮儀，能提高自己的品格和企業的形象。

　　居住在首爾的外國人有一百多萬，但我們尚未學會國際標準禮儀。韓國的企業家若想到國外開展事業，就必須學習符合國際標準的行為模式。"Manners Maketh Man"（禮儀成就非凡的人），這是電影《金牌特務》主角哈利著名的台詞。針對參加美國哥倫比亞大學 MBA 課程的 CEO 進行了一項調查：「影響你成功的最大因素是什麼？」結果顯示「禮儀」占了 93%。禮儀是教育、習慣，是尊重、顧慮對方的態度。國際上的成功，乃從禮儀開始。

14 你的退場策略是什麼？

預先準備便能按策略縝密的調整事業方向，
而且可以預先計算投資的方向和極限。

凡是開創公司或目前正在經營企業的人，都應具備退場策
略（exit strategy）。退場策略必須從事業初期就開始計畫，才
能掌握方向。正在經營企業的人當中，可能有些人完全沒有考
慮過退場策略，甚至有人第一次聽到此言論。

當我們開始某個事業時，會想經營一輩子，其實能經營一輩
子的事業沒有想像中的多。因為企業環境每天都有變化，而且隨
著我們自己的財務狀態或能力，也會有許多變數。一般事業可分
三種退場策略，在這三種策略當中，決定出對自己最有用的那
一個，乃關乎自己所擁有的事業，是否有持續成長的可能性。

當本人的事業目前雖然經營得非常順利，但是以後幾年內

不再有延續的可能性，或競爭者增加時，第一個退場策略就是出售。一般做生意的人，若目前的事業或生意順利，根本不會考慮出售。如果目前的事業在 10 年或 30 年後仍然存在則另當別論，但**有些事業雖然非常順利，也不敢保證 1 年後的發展。**

策略一：出售

　　正如股票過熱時就要把它賣出，事業也是如此。出售企業時能獲得最高價格的方法，當然就是在企業最好的狀態下賣出，但是會捨不得自己創立的企業。有些人用自己或孩子的名字來創立品牌，就算如此也要抱著隨時出售的打算，因為「我」這個人比我的品牌更寶貴。

　　若錯過售出的時機就毀了，所以**不要隨便把自己的名字放進企業裡，不要把自己投射在公司上。**有些公司因事業發展良好，而接獲出售的請求，但有時卻因要求的價格過高，最後導致成長減緩。如果成長已經到無法繼續往上發展的地步，交易價格就會驟降。沒有人會願意用最高的價格，收購一個不再成長的公司。因為買家想要購買的最大原因，就是渴望收購的公司會有更多成長。通常連鎖店超過一百多家以上的公司，經常有這樣的失誤。而且賣場超過 100 個，個人也買不起。通常基金公司或機構會購買它，但是如果沒有進一步的增長空間，則沒有理由購買。即便當前的利潤很高，但要是沒有持續成長的

可能性，出售價格可能反而降低。**企業就是企業，它是現實的，公司不等於我，所以要懂得在最佳時期，隨時做好離開的準備。**

策略二：首次公開募股

　　使用第二種退場策略的公司，是持續成長可能性高的公司。若公司在產業內占有一席之地，將來成長的可能性高，而且達到成長之後，長期以來仍創造收入持續增長的事業時，那麼最具代表性的退場策略就是「首次公開募股」（IPO：Initial Public Offering）或與大型企業之間的合併與收購（M&A）。有兩大理由推動公開募股：由於公司規模變得太大，不是個人能買得起的，因此有分散賣給很多個人的公開募股；另外有透過增資籌集資金後，更快掌握市場為目的的公開募股。前者的意圖是創業者想要售出後走人，後者的目的是擴張公司。

策略三：無退場策略

　　最後一個退場策略是無退場策略。當一個企業堅固的程度足以代代相傳，又具有強大的品牌力量，或者在特定領域中掌握市場的時候，此策略才可行。也就是說，賣掉合適的企業後，不能再創造也不能再購買此類企業的情況，其策略就是以終身經營該企業來創造收入。一個讓顧客從全國各地聞名而來的美食店，或者已具有強大品牌力量的工業產品，沒有理由出售。

這是可以代代相傳的良好企業,擁有這種企業才是最佳的退場策略。只能選擇第一種出售退場策略的人,他們的夢想就是無退場策略。

經營企業的人要以這三種退場策略為主,來思考自己的企業體適合哪一個,並為今後該走的方向做好準備。預先準備便能按此策略縝密地調整事業方向,而且可以預先計算投資的方向和極限。**根據所選的策略,便可以輕鬆地決定設備、改善設施、增設、購買房地產等大項目,又不會使用不必要的資金。**就像開始創業的時候要具備事業計畫書一樣,盼望各位都能記得,從事業撤出的時候,也需要事業計畫書。

15 所有事業都將與房地產、金融會合

金融和房地產一直是世界的強者，
他們遇強則弱，遇弱則強，並長年屹立不搖，
若稍不留神，總有一天刀子從你腳下飛過來。

　　不管哪種事業，只要事業有成長，且跳脫了區域範圍，走入大馬路時，便有兩個人等候著。他們倆會接近你，站在你左右兩旁，手搭在你肩上說：「我們親密地相處吧！」其中一人身穿西裝打著領帶，另一人則穿著夾克，頭戴帽子。這兩個人是競爭對手，又是同行。他們是該地區的「土地爺」，為了更加發展事業，你必須與這兩個人維持融洽的關係。他們是友亦是敵，若是敵，想要進一步發展事業就不容易了。就算成為朋友，也要相處一段時間後才知道是否是真正的朋友。

　　那身穿西裝打領帶的就是金融，身穿夾克頭戴帽子的則是房地產。

通常生產的三大要素是土地、勞動和資本。這是農業為主的時期產生的理論，換成現代生產三大要素，就是房地產、企業和金融。所有事業都以房地產為基礎，因為無論何種行業，都要有賣場、辦公室或工廠。

房地產的特性

所有的房地產都有其價值，此價值可用準確的數字計算出實物金額。具有實物價值的變動性資產，全部用於產生利息或支付股息。使用房地產的企業所支付的租金是屬於股息或利潤，一個企業可以支付租金，表示與房地產緊密相連，是有能力購買或開發房地產的企業。因此與房地產的所有者產生緊張關係，企業可以是房地產的用戶，也可以是房地產的購買者。換句話說，因為具有購買房地產的資格，所以**若將當前的事業與房地產連結，可持續創造出不亞於現有事業的利潤架構。**

結論是，若所擁有的公司事業經營有成，無論在哪裡開店都有餘力支付租金時，就等於擁有很多房地產的資格。此時，如果能得到金融體系的貸款，在公司的資產結構上，就會出現屬於事業和房地產的兩種利益結構。因為**房地產是屬於比事業相對安全的資產，與利潤相比具有高價交易的特點。**很多公司都可擁有房地產，而能持有的原因如上所述。

與金融組織合夥

　　一個企業為了掌握市場維持成長率，需要募集投資資金，甚至會透過收購、合併或公開募股達到成長的狀態。金融會干預這一切所有過程，根據投資的種類和方向，**金融資本將決定公司的組織、股份和利潤分配方式，而因著該協議公司將走向與金融組織合夥的道路。**

　　新創公司的情況，有進行像 Pre-seed、Seed、SeriesA、SeriesB 等一樣連續性的投資來稀釋股權的過程；也有根據資本的金額和性質，要求超過創業者以上的資本，或者以干預新股發行的方式參與經營。資本進入公司的意思是信用開始變成資產，此時所有一切不會因為創業者把自己的事業經營得更好而停止，這代表必須與金融組織維持好的關係並了解資本，才能跳到立足的階段。

　　創造收入的方式分為幾種：首先，有以自己的勞動力為收入的勞工或自營業者，也有利用他人的勞動力和資本創造收入的企業家，還有與金融合作，透過信用提前兌現利潤的方式。隨著事業增長，就必須與金融攜手並進。若缺乏金融知識，無論事業經營得多好，可能也會變成《老人與海》中的老漁夫桑迪亞哥。

　　桑迪亞哥在墨西哥灣花了好大力氣捕到一條大旗魚，將牠

掛在船上開往家裡，希望能在市場上賣得高價。但是，旗魚的血引來了鯊魚，最後鯊魚把旗魚全吃掉只剩下魚骨。對金融資本缺乏了解的經營者，都有可能變成桑迪亞哥。

遇強則弱，遇弱則強

金融有一把精巧又鋒利的刀子，這把刀總是反覆不定，必要的時候它會幫你擊退競爭者；當情況急轉彎時，刀鋒可能轉向你。正如它能冷酷地剖開肉和骨一樣，也能支解你和你的事業。但是如果把房地產和金融變成站在你這一邊時，便會擁有兼具擴張性及穩定性的事業。而且如此擴大的事業，規模越增長，就能將房地產和金融放在腳底下。它不再要求作合作夥伴，只希望扮演屬下的角色緊跟在你身邊。

但是仍不可掉以輕心，金融和房地產一直是世界的強者，他們遇強則弱，遇弱則強，並長年屹立不搖，若稍不留神，總有一天刀子從你腳下飛過來。不要只為自己的事業努力，盼望能以同樣的熱情去學習金融和房地產。但願各位記得，**世界上所有知名的經營者都制伏了這兩者，且安穩地坐在他們的位子上。**

16 聰明人為何掉入陰謀論中？

人生若脫離了常識，那一剎那
便有可能淪為失敗者，好朋友因此離開，
最後有很大的機率以貧窮的古怪人終結人生。

　　越是聰明、有高知識水平的人，越容易掉入陰謀論，因為特別討厭不確定感。當複雜的政治因素或無法理解的經濟環境出現時，就會有很多人想對此提出一番言論。但是若解釋不清，陰謀論就成了簡單又容易的答案了。宗教的教義主義者、保守或革新兩種極端的知識分子，也容易被陰謀論同化。

　　而且因為他們的知識和學術權威被大多數人肯定，所以這陰謀論便有力量說服群眾。像 UFO、占星術、血型、另類醫學等依然備受知識階層者支持。《The philosophy files》的作者倫敦大學教授史蒂芬・洛（Stephen Law），將我們周圍這種蔓延的非理性信仰陷阱命名為「知識的黑洞」。在我們日常的言論當中，充斥著這種非理性的信仰和主張，連菁英分子也被此迷惑，因為它的邏輯和理論非常合理。

令人匪夷所思的非理性信仰

與其說他們是對於周圍理性的批評做出合理的回應，不如說他們是在建立一套自我信仰體系。他們不是根據事實來判斷，而是只尋找符合自我主張的根據，並逐漸進入同溫層。他們列出一些艱澀又複雜的專業用語，或者用模棱兩可的言語，假裝知道一些深奧的事。曾對希特勒的誕生和 911 恐怖襲擊等重大歷史事件，發出預言的中世紀預言家諾斯特拉達（Michel de Nostredame），他的預言雖有歧義卻仍舊存在，留給人隨意解釋的空間。在認同科學事實的人當中，也有許多人仍然相信人類沒有登陸月球。只要他們相信自己是對的，那些便成了他們的信仰，不再需要邏輯或證據。

在 1960 年代，阿波羅計畫集結了美國所有力量，而有 75 萬人與這計畫有直接或間接的關聯。若以人類沒有登陸月球的陰謀論為前提，沒有人反問有這麼多人參與並進行了這龐大的計畫，那麼如何保守了此驚世之舉的祕密。對這事實的懷疑逐漸擴大時，美國太空總署 NASA 發布了由偵察衛星（LRO，Lunar Reconnaissance Orbiter）從月球上方 24 公里處拍攝的照片，是阿波羅 11 號在月球表面上留下的四角支架。但是陰謀論者仍不相信。

2020 年「地平國際會議」（FEIC）團體報導，在 2020 年計畫載著相信地平論（地球是平面）的人搭乘郵輪環遊世界，

親自去證明地平論。根據某一市場調查公司的數據顯示，有 2%
的美國人相信地平論，而且是熟悉現代科學的 25 歲年輕人。而
巴西有 1,100 萬人，即人口的 7% 認為「地球是平的」。對他們
而言，地球平面理論不是兒戲或幽默，他們為了證明地球是平
的，甚至發射了自己製造的火箭。

　　1990 年代初期，主張「不相信愛滋病」的小團體，提出了
「人類免疫缺乏病毒」（HIV）不是愛滋病的病因。認為愛滋病
不是病毒引起，而是營養不良或虛弱的健康狀態等其他因素。
南非共和國總統塔博・姆貝基（Thabo Mbeki）在證據不明確的
情況下，選擇認同此主張，拒絕預防愛滋病的援助提議。讓塔
博・姆貝基總統的態度轉變，是在他的主張造成 30 萬以上的人
死亡，並且有 3 萬 5,000 名兒童出現 HIV 陽性反應之後。

　　韓國也曾有一群主張「養育孩子不需要藥物」的人設立網路
聊天室，會員曾高達 6 萬人。設立聊天室的人是位中醫師，極度
不信任接種疫苗，強調自然療法，卻曾經把很多孩子推入死地。
這聊天室裡面的父母們，教育程度皆高於平均水平。大部分信奉
這種謬論的人，都是頭腦正常的人，這真令人匪夷所思。

只讓你知道

　　這種陰謀在股票市場中也經常出現；當股價暴跌時，人們

才想起主張賣空的陰謀論，想找到破壞市場的罪魁禍首。「只讓你知道」也是一種陰謀，一個明理的人應該想到「那傳聞怎會傳給我呢」?!

　　如果股價飆漲，我認為是勢力的陰謀，我確信是市場的大戶和背後操作勢力聯手來誤導散戶。因為對於非正常的情況，不會有如此簡單的答案。一個比特幣會漲到 30 萬美元，或者江南房地產會暴跌半價以下的這種傳聞，是陰謀和期望以及預測混雜在一起的現象。如果有人將這些預測與邏輯性數據結合在一起時，陰謀就會消失，只剩下科學性預測。要分辨這種理論是否屬實，從它能否用簡單的話來說明便能得知。

　　常識是分辨誇張、虛構、扭曲和欺騙的最明智工具，沒有一個證據顯示，學得多就等於更有常識。常識與知識是不一樣的能力，人與人之間各樣的想法和意見相互交錯而得的就是常識，常識從智慧與知識以及道德相互交錯而來。

　　因此常識站在歷史、法律、習俗、信仰、邏輯、理性之上。常識是普遍的知識和見解，它不需要特別的探究或學習，即便沒有特別的努力，大部分的人也能自然而然地領悟。所以常識可以用簡單的話來表達。

　　陷入陰謀的那一刹那，就脫離了常識。狹隘的想法和知識

的優越感，把常識擠了出去。擁有知名大學學歷、優渥工作、傑出成就的人，特別需要檢視自己，以免偏離常識。不僅事業如此，人生若脫離了常識，那一刹那便有可能淪為失敗者，好朋友因此離開，有很大的機率最後以貧窮的古怪人終結人生。

17 防止被騙的方法

若是我不了解的事業模式，
發生事故就無法控制；而預期利潤豐厚，
就是風險很大的意思。

　　年輕時我曾被騙過幾次。當時我很急迫，正如美國早期的移民者一樣，那時候我們全家人一天工作 16 個小時，一週工作 112 個小時。疲憊艱辛的家人都變得很敏感，話鋒尖銳。父母漸漸衰老，而孩子正在成長，希望似乎渺茫。當時我穿著從二手服裝店花 3 美元買來的牛仔褲，坐在沒有冷氣的卡車上，每天早上去市場買水果來賣。我心想只要努力打拚，將來一定可以打著領帶在辦公室裡工作，週末還可以帶家人出去遊玩。我的眼睛被急迫的欲望蒙蔽了。

　　當時三寶電腦公司的 eMachines 曾是最大的股東，以主打銷售低價電腦在美國市場掀起一股熱潮，在韓國企業歷史上第二次在美國那斯達克市場上市，引起大眾一度關注。

　　在上市之前，有個人給了我購買 1 萬美元股票的特權。當時 1 萬美元對我來說真是一大筆錢，對素昧平生的我施予如此

特別的優惠，我沒有理由推辭。過沒多久，上市掛牌竟被撤銷，股票變成了廢紙。我應該就此停止，然而我的無知和欲望再度燃起。

無知和貪婪的結果

他說美國股票即時技術分析交易正熱門，藉此分析交易賺到錢的人越來越多，於是他提議成立這種交易公司來賺手續費。我連問都沒問，他所推薦的那誘人的股票，為何最後變成了廢紙。我一心為了不要做蔬果買賣，有機會能到辦公室裡上班而興奮不已，所以再次接受了他的提案。

沒有任何可證明的利益，我們就這樣設立了證券交易辦公室。我們在幾位顧客整天謾罵聲當中進行了秒殺交易，但結果都慘不忍睹。不到兩個月，顧客因損失慘重全都離開了，最後只剩下我自己，開始親自著手交易，猶如賭場的經紀人獨自下注維持賭場一般。

資本自然就這樣萎縮了，於是他又說：「既然這樣，就來個最後一擊，賺個大的吧。」他提議做股票期權交易。對股票期權不了解的我，不斷地問了又問，好不容易對產品有了一番了解後，立刻開始進行股票期權交易，但這無非是一場猜單雙、大小的賭博罷了。我們不斷地重複賺得少、賠得多、付手續費，最後賠光了所有的資產。我陷入極大的挫折和失望中，而慫恿

我東山再起的人說：「以幾百美元就可以投資外匯交易」，但完全跌到谷底的我，已經沒有對抗的方法了。

我不知道外匯期貨投資是屬於高槓桿商品，會出現負利潤。結論是我不是跌到地板，而是跌到地下室。移民生活 10 年，3,650 天的心血努力，就全部付諸流水，最後落得一身負債。

同一個人以此方式不斷地提出好幾次建議，但一切都結束之後，我仍然覺得他的意圖是善良的。我認為他確實從這件事沒得到什麼好處，所以我還是選擇站在他那一邊。數年之後我才覺悟，他只是利用我的錢和急迫性來測試自己從未驗證過的想法而已，為此他還用了一些專業術語。

只投資自己了解的領域

我後來明白當時 eMachines 公司上市是典型的公開退場策略，股票即時技術分析交易是實驗的樣本，而股票期權又是大型基金投資者的避險樣本，外匯則是國際專家的投資領域。是我的無知和貪婪導致這種結果，也是我受騙的最大關鍵點。

值得慶幸的是，從此以後我再也沒有被任何人騙過。**若不貪心也不參與不熟悉的領域，就不會暴露在受騙的環境中**。若**從利潤豐厚的所有提案中退出，只在自己了解的領域內投資，就可以遠離所有的受騙風險。**

　　無數的提案不斷向我湧來，有時因我拒絕而被當作傻瓜，他們實在無法理解我為何拒絕如此大好的投資機會。我拒絕的理由有兩個，一個是利潤太多，另一個是不了解其事業的模式。若那是我不了解的事業模式，發生事故就無法控制；而預期利潤豐厚，就是風險很大的意思。

　　像意外一樣突然被騙的情況，沒有想像中多。有被人欺騙經歷的人，經過深思後就會明白該學的功課。如果還不明白，便有可能再次捲入騙局中，所以要特別小心。

18 具備投資常勝軍資格的 11 問

想要把投資做好的人，必須要穩健。
成功了要穩重，有虧損也一樣的沉穩，
投資市場不是體育運動。

1. 能區分投資和交易嗎？

2. 有買進和賣出的標準嗎？

3. 想被看見你有錢嗎？

4. 有 5 年內不需要動的錢嗎？

5. 收入固定嗎？

6. 好勝心強嗎？

7. 活在大眾裡嗎？

8. 想快點賺到錢嗎？

9. 了解複利嗎？

10. 這個月未繳清的信用卡餘額，延到下個月嗎？

11. 耳根子比較軟嗎？

　　以上問題答案若超過五個「是」，則絕對不要開始投資。我想目前情況甭談投資，可能連錢都存不住吧。投資是合夥關係，又是參與經營。交易是單純的買賣，從批發商購買蘋果，再拿到市場賣，這不叫做投資，那是低價買進高價賣出的交易。在股票市場上透過股票的價差來獲利，或者在房地產市場上做差額投資、買賣土地所有權，都不能稱為投資。要懂得分辨自己是投資者還是交易者，才能開始動作。你可能需要投入很多錢，才能確認哪種方式適合自己。

　　自己必須有買進和賣出的標準，不是別人制定的標準，而是你自己。在市場上最愚蠢的問題，就是詢問別人買進賣出的時機。問此問題是因為自己沒有標準，沒有標準代表無法說服自己為何投資。這樣的人因為很會購買而獲利，但結果還是賺不到錢。因為直到賣出為止，利潤才算實現。

　　如果你需要購買高級車子、名牌包和昂貴的衣服讓人稱羨，那麼還未具備投資的資格。當你想讓人看起來自己很富有的時候，就不要花錢；成為有錢人了，就要使用錢。在成為有錢人之前，必須將所有的資產用來創造其他的資產。雖然品味帶來金錢，但品味和奢華是不一樣的。與實際資產相比，過度的品味也是奢侈。

成為成功的投資者

　　投資至少要等待 5 年，才能發揮應有的價值。要注意是「至

少」5 年，如果把時間不足的資金拿去投資，結果會因急躁連自然的機會也錯過了。只要投資 5 年內閒置不用的錢，若沒有那種錢，就去創造它，或者就不要投資。

　　時間比人類精明。收入不固定的人，最後會動用投資資金。「固定收入」這支援軍，能保護已投資的錢。要從固定收入中，拿出一定的錢作為投資基金。

　　好勝心過強的人，微幅漲跌也會讓他為之興奮。如果投資成功，會到處炫耀、請客，因此散盡利潤。如果投資失敗了，有可能變成廢人。想要把投資做好的人，必須要穩健。成功了要穩重，有虧損也一樣的沉穩，投資市場不是體育運動。

　　商品和服務會隨著群眾成長和死亡。若沒有利用大眾運輸工具、沒有吃過路邊小吃、沒有去過市場，就不會了解股票市場。一個只開車、只光顧由專用廚師接待的餐廳、只到百貨公司購買日本晴王麝香葡萄（Shine Muscat）和蘋果芒果的人，不能成為成功的投資者。要兩者兼備，即使豐裕仍然要在群眾裡面常常保持自然。

　　錢來得快去得也快，快速賺到的錢，也很快就消失。**因為想快速賺錢，所以會去追逐耀眼的高風險資產。即使賺到錢，最後也像扔到水裡的棉花糖一樣消失不見。**當錢看穿主人的貪婪時，便會離開。那些想要急著賺錢快速致富的人，可能很久以後才會成為有錢人，或者永遠不會致富的機率更高。

變成投資「體質」

複利不是你家姑姑的名字，不了解複利的人，就像不認識字就去讀大學一樣。盼望先學認識字再來投資。

那些習慣不繳清信用卡餘額，延到下個月付利息的人，或習慣以無息分期付款，買一件 5 萬韓元襯衫的人，絕對沒有資格投資。因為沒有利息的概念，也沒有管理收入的能力，更沒有消費的資格。**長時間吃劣質的飲食，就要透過斷食來改變體質。因此要剪掉信用卡，使用現金卡，或挨餓幾個月，才能變成投資「體質」。**使用信用卡是非常不好的經濟活動。

通常我們說人耳根子軟，比較帶有可愛的意思。但是耳根子軟的人不只讓自己受害，還會連累家人受苦，也帶給旁邊的人傷害。耳根子軟的人輕易相信別人的話，卻絕對不會聽家人的建議。家人是最沒有利害關係的，彼此給予最單純的忠告，但有人寧願聽計程車司機的建議去投資。如果自己沒有主見，就會盲目聽從別人的決定，而承擔責任的卻是自己。在沒有建立好自主權、每件事上都能理性思考、抱持合理的懷疑之前，什麼都不要做，盼望等到太太或先生答應為止。

19 頭涼、腳暖、八分飽

若能節制貪婪，反而會賣到好價位。
投資若超過 100%，就有可能變為 0%……

　　保持頭部涼爽、腳部溫暖，不要吃太飽，給肚子留一些空間，就是「頭涼腳暖八分飽」。這是古代佛教僧侶們傳承下來的生活規範，也是我的投資哲學。中醫強調「頭寒足熱」，頭部保持涼爽，而雙腳要保持溫暖。八分飽就是當肚子填到 80% 時，就不再吃。遵守這原則，就能使身體的循環變好，不太容易生病且活得健康，並能預防因過飽而產生的所有疾病。自然界的動物不用運動或健康管理，也會活得很好。人也是只要持守頭涼、腳暖、八分飽，就能平安無憂地度日。

　　十幾年前我從日本面相學家兼傑出的投資專家——水野南北先生的書中，學到「八分飽」的道理，並力行到如今。這個教導不僅對節制飲食、身體健康有益，也適用於賺錢、存錢以及使用錢的所有過程。

　　為了賺錢必須殷勤奔波，去現場觀察、了解、學習。花錢的時候卻要冷靜，需經過理性的判斷之後才支出。投資的時候勿狼吞虎嚥似的貪婪，在吃得過飽之前就從座位上站起來，才是長久維持豐衣足食的最佳生活方法。不過度貪心才能獲得最切實的利益，而這個道理就是八分飽。投資的時候，賣出的難度不亞於買進。因為無論如何成功地掌握了買進的良機，但如果賣出失敗，最後可能連本錢都會失去。賣出之所以難是因為貪婪。

　　若能節制貪婪，反而會賣到好價位。投資若超過 100%，就有可能變為 0%，所以 80% 是最高的。希望大家在飲食或股票上，都能持守八分飽的教訓。

20 財富的特性

努力生活，並不表示能賺很多錢，
賺很多錢，並不表示一定能成為有錢人；
成為有錢人，並不表示就會幸福，
財富不是生活的目的，而是工具。

　　如果每個人都是因努力生活而成為富翁，那麼這世界早就公平了，每個人都應該早就是富翁了。我們的父母真的非常努力地生活，但沒有像富翁一樣退休。努力生活可以解決溫飽，但是真正要成為富翁，光靠努力是不夠的。

　　其原因是方向不正確。努力的人以為勤奮可以解決一切，所以想用增加工作量來成為富有的人，但是透過工作和儲蓄來致富是有限度的。

　　他們因為工作太繁忙，沒有學習讓資產自動運作的方法，也不關心投資或市場的資金流動情形。他們沒有學習存錢的方法，也不懂得將儲蓄的錢增大。當其他資產上漲時，好不容易買到一棟房子就結束人生，徒留努力工作的名聲。

要懂得管理支出

　　賺很多錢，並不表示一定能成為有錢人。**為了成為有錢人，比起會管理收入，更要懂得管理支出**。當開銷變大，奢侈增加時，就要賺更多的錢，但那些錢往往不是固定的薪水。收入減少，開銷卻未縮減，所以收入全都變成了支出，最後資產必然也跟著縮減。

　　富有不是來自收入的規模，而是來自支出的管理。不要隨便對待小錢，要縮減所有的經常性支出。**最好的收入就是定期進來的錢，最差的支出就是定期支出的錢**。每個月自動轉帳的錢無論有多瑣碎都應減少，不要被一個月 10 萬元的數字矇騙，因為在這 10 萬元的背後掛著冗長的 36 個月。一份為期 3 年，價值 360 萬元的合約，每次要支付 10 萬元。

　　變成有錢人並不表示是幸福。因為要守護的東西變多，所以有更多的不安和擔憂。往上看更有錢的人，就顯得自己寒酸；往下看窮困的人，便發出哀嘆。到銀行未見分行經理打招呼就生氣，要排隊等候就會抱怨。家人們只有在花錢的時候才會聚集在一起，親戚們只有在借錢時才出現。有錢人的財富當中，若有不正當的收入或搶來的錢，就會擾亂家庭。

　　侵吞稅金的錢會變成凶器，意外之財的好運必在到處炫耀之後消失無影。

別成為金錢奴隸

來源不好的錢可能會傷害主人。要經常賺優質的錢，學習自我節制，對下面的人要寬容。對清潔人員、司機、餐廳員工或便利商店工讀生，要常常保持感謝的心。自己越是大富翁，對歲月和社會更要充滿感激的心。因為**小財富可以靠自己的努力達成，但是大財富則需要社會組織和幸運的助力。**

若要確保致富的工具不會傷害致富的目的，就要懂得愛惜金錢、管理金錢。真正愛惜錢財就不會隨便對待它，也不會用溺愛來束縛它，總是把它送到好的地方。不受尊重的錢會永遠離開，被愛惜的錢會重新回到主人的懷抱。所以那些必須離開的錢，要像朋友一樣歡送它；回來的錢則像兒女一樣歡迎它。

當金錢成為目的的那一刻，所有價值的標準都會變成金錢，而變成一家之主的金錢，最後來駕馭人。結果變成人為錢工作，成為金錢的奴隸。

.

Chapter 4

走向寬廣的 致富道路

01 戰勝金湯匙

我們只看見他們已經變成強者的樣子，
所以無法想像他們曾經都是弱者。
他們擊敗了強者，登上今天這位置。

　　我們對歷史有很大的誤解，歷史上充滿了關於強者的故事，
其實也是弱者的故事，應該說歷史記載了弱者擊敗強者的事蹟。

　　弱者變強者的過程讓人感動又興奮，當弱者擊敗強者時我
們心中會湧出欣喜，把自己投射在弱者身上，有種補償作用的
滿足感。縱觀實際歷史，有很多弱者擊敗強者的記載，如《三
國志》中劉備聯盟孫權，以火攻戰術制伏曹操數十萬大軍的赤
壁之戰；由李舜臣將軍率領朝鮮水軍十三艘軍船，在鳴梁擊退
日本三百多艘軍船的海戰，這些都是弱者戰勝強者的例子。

　　波士頓大學的阿雷奎恩–托夫特（Ivan Arreguin-Toft）教
授，曾針對 19 世紀以後，兩百多場強國與弱國的戰爭做過分析。
根據其結果顯示，弱小國勝利的比例達 28%，也就是將近有三
分之一的弱小國得勝。而 1950 年到 1999 年，弱小國的戰勝率
則超過了 50%，因為發展出像游擊戰之類的非正規戰術。

強者是弱者的食物

　　世界最強的美國也在越南戰爭中敗北。同樣的，在企業界裡也有非常多弱者擊敗強者的故事，或者說全部都是弱者得勝也不為過。我們已知的企業像沃爾瑪、微軟、蘋果、星巴克、亞馬遜、谷歌、特斯拉等超大型公司，10至20年前也都是弱者。韓國最大的企業三星，也是從大邱賣乾麵的小餐館起家，漸漸開始銷售上面標示三顆星的「星牌」包裝麵條，後來才轉變為三星。而現代公司是一名在首爾經營「京一商會」米店的年輕人創立的公司。曾在晉州經營紡織業的具先生和親家許先生，直接將原料倒入大鐵鍋裡生火，生產出國內最早的 Lucky Cream 保養品，後來逐漸擴大成現在的 LG 公司。

　　因為我們只看見他們已經變成強者的樣子，所以無法想像他們曾經都是弱者。他們擊敗了強者，登上今天這位置。他們的策略如出一轍，有別於現有市場的強者。他們將第一名的力量削弱，登上了這位置。強者有強者的弱點，因著那弱點，與看似不成對手的弱者爭競時，巨大的強者屢屢遭挫。

　　由於強者本身規模很大，所以要花很長的時間才能發現外在的變化，即使發現了，執行的速度也很慢。因此，當弱者轉換策略，以很快的速度和執行力來挑戰時，成功率很高。**弱者一直停留在弱者的位置上，不能成為強者的最大原因，就是不**

**想戰勝強者。因為在競爭中已經呈現輸的狀態，所以沒有挑戰
的意識，也沒有想挑戰的心志。**

　　非洲豪豬（體重達 13 至 27 公斤，一種類似老鼠的強壯動
物）不怕獅子，因為牠沒有輸給獅子的意念。鬣狗也靠著搶奪
獅子捕獲的獵物生存，因鬣狗的堅持和不退縮的挑戰，最後獅
子只好讓出食物。

　　我們的想法改變，才能看見強者是弱者的食物。弱者更容
易找出強者沒有看見或不足的部分，並改進和挑戰，完全沒有
懼怕強者的理由。我在經營企業的初期，也從不害怕市場上已
經存在的巨大競爭者。我們有很多可替代他們的創意，因為我
們的公司規模小，所以可以迅速採取行動。我們雖然是小小的
商店，卻能夠與擁有 3,000 個商店的公司競爭，那是因為我們從
來不認為自己是微小的。而且我們把這擁有 3,000 個商店的公
司，當作是我們的市場。

下定決心成為強者

　　2018 年 10 月 16 日，我在多倫多與全球幾家公司進行併購
相關會議。會議結束後，正當決定最終合併之際，有一名與會
者告訴我，我們所競爭的公司上新聞的消息。將近有 15 年，這
家大企業因我們公司而陷入發展停滯不前的困境，結果現在要

售出了。當我在全球 11 個國家，成為擁有三千多個商店和 8,308名員工的全球餐飲企業大股東的那一瞬間，那業界傳奇的競爭對手，卻透過退場策略從經營者的位置上退下了。他直到最後都是一名傑出的經營者，他心知肚明，因著我們公司他吃了多少苦，經歷了許多困難，但他從來沒有用不正當的方法，或是違背道義的動作來競爭。一名優秀的競爭者走入了歷史。

當我們還是弱者的時期，我沒有懼怕。但是我知道或許總有一天有一個無名小卒的公司，會以它獨特的創意和熱情來牽制我們的腳步。我們只進攻的那段日子已經過去了，我明白當我們成為強者兼具防守和進攻的那一刻，若稍不留意也會被弱者擊倒。因為能擊倒我們公司的不是強者，而是弱者。

土湯匙不必懼怕金湯匙，因為是金湯匙，所以它擁有的優點，可能也是缺點。一隻體型龐大的大象或長頸鹿，一旦坐下後要站起來就有點難。相反的，這期間狐狸已經蹦蹦跳跳幾十趟了。找出差異性的變化，並快速行動是弱者的優點。再強壯的男人都無法與那睜大雙眼、脫掉上衣、奮力衝過來的男人爭鬥得勝。

想法改變，就會發現弱者不是強者的食物，強者才是弱者的食物。結論是，強者之所以是強者，不在於他已經擁有的，而是下定決心要成為強者的人才是真正的強者。歷史的流動總是如此。

02 貴公司的本益比（PER）是多少？

本益比的變化取決於你在參與度低的狀態下，
所開展的事業能夠持續多久。

　　稱為股票市盈率（本益比）的 PER，是將某支股票的每股
市價除以每股純利潤（EPS）的數值。PER 是股票市場中衡量公
司價值的重要資料，它是市場對企業的股票呈現的評價指標。

　　假設某個企業的股價為每張 5 萬韓元，如果每股收益為
5,000 韓元，則該公司的本益比（PER）為 10。因為 10 年的利
潤和股票價格相同。若本益比高，則表示股價比每股收益高；
反之，如果本益比低，代表股價比每股收益低。

　　公司本益比高的意思，代表公司的價值有高評價，也表示
公司將來成長有望，持續經營的可能性高，所以預先以高價出
售。相反的，如果本益比低，則表示該公司尚未得到認可，或
者事業發展的信任度不可靠。將這本益比概念應用在自己尚未
上市的工作或事業，就會得到很有趣的結果。

提高本益比

　　假設有三個人的年收入都是 1 億韓元，第一個人在市場的入口，經營一家餐廳賺取利潤，第二個人是經營一家有名氣的補習班來獲得利潤，第三個人是從唱片版權的收入中獲得利潤。雖然他們的年收入都一樣，但根據收入的來源，其隱藏的額外資產也會不同。

　　餐廳的老闆若出售自己的商店，則可以收取 3 年的權利金。如果他的商店不受景氣影響，是在市場裡面時間悠久、頗有名氣的商店，也許可以收取 5 年的權利金。那擁有唱片版權的人，可以獲得 10 年的版權。他的權利金比餐廳的老闆更高，因為版權的主人幾乎可以不用工作，也可以長時間持續創造收入，也就是本益比高。但經營補習班的那位本益比為 0，原因是如果他停止經營補習班，補習班就無法運作。

　　沒有人會買老闆把公司賣掉之後，就不再有收入的公司。因此，根據收入根源的穩定性和持續性，其本益比會增高；而穩定性消失的所得，本益比則變零。像醫生、律師、名講師、演藝人員、培訓師、運動選手、網紅、音樂家、廣播人、作家等令人稱羨的職業，大部分是本益比低，或者完全沒有。相對的，**本益比高的職業是僱用從事這些職業的人來賺錢的經營者，而不是靠自己的職業賺錢。要建造出即便特定人物的影響力消失了，也能繼續營運的組織，如此才會有高的本益比。**

　　並非所有的餐廳本益比都一樣。假設兩個淨利相同的賣場，任何人都可以**在廚房按照食譜配方做出佳餚的餐廳，比倚賴名廚師的餐廳本益比高**。如果是主人不用工作賣場也能照常運作的餐廳，本益比將會更高。也就是本益比的變化取決於你在參與度低的狀態下，所開展的事業能夠持續多久。有很多事業家雖然有很多各樣的事業或職業，但是真的沒有考慮過自己的本益比。當我在演講中談到本益比時，特別對那些從事專業工作的人，或補習班老師們衝擊很大。與其他職業相比他們是高所得群，所以本來不擔心自己，卻被現實的數字嚇到了。

創造真實的收入

　　因為**若不提高本益比，無論賺多少錢，當停止工作的那一刻，收入就會消失，所以不能不擔心未來**。大部分的情況是，雖然收入已經很高，但支出水平也很高，所以只要收入稍微縮減就會不安，也無法存錢。事實上沒有本益比的人，其特徵是個人能力比一般人強，所以收入偏高。

　　尤其像知名的運動選手或演藝人員等有特別優渥收入的，他們的收入極具時間性，別人需要花一生賺得的錢，他們只要花幾年就有了。我們絕對不能認為自己的收入規模，一輩子都能維持在高峰。因此有些超級演藝人員，會以購買大樓收租金的方式增加收入，而知名度較低的演藝人員，則是選擇開餐廳或做生意。

　　如果個人的工作或事業沒有本益比，那麼從現在起要將自己的收入轉移到本益比較高的領域。年收入 1 億韓元的補習班經營者，不能認為 1 億元就是他自己的收入。要在這 1 億韓元當中節省、儲蓄後拿去投資的錢，才是自己每月創造的真正收入。如果存了幾年後買了一間套房，收取 50 萬韓元的租金，那麼這 50 萬韓元才是完整的本益比，也是自己真正的收入。直到創造出一個月 1,000 萬韓元這種高品質本益比的收入，才能盡情享受生活。一個月賺 50 萬韓元的人，不能像賺 1,000 萬韓元的人一樣生活。因為**沒有投入勞動而獲得的固定收入，才是自己真實的收入。**

　　在個人的經濟活動中，只有從資本產生的錢才是自己的錢。一個人的職業或企業收入高但本益比低，則必須改變個人的生活水平。要積極地透過財產轉移，一天天創造出資本利益。

　　你的收入不是真正的收入，如果你不明白或不能接受這道理，你的老年生活就岌岌可危。不管年收入有多高，最後都一樣。盼望不要放心自己目前的收入，鼓勵自己去創造高本益比的經濟活動。

03 大富翁 是上天註定？

改名字的用意是堅決以全新的身分生活，
並不表示新的名字會帶來另一個人生。

　　某個場合有人提出了這樣的問題：「小富由勤，大富由天。這句話是出於《明心寶鑑》，我想聽聽您是否同意。」對於此問題，我表示同意。但是我要補充一點。如果那問題裡面包含了「那麼富翁是註定的嗎？」我的回答是「不」。不是因為我認為富翁是已註定的，所以我同意《明心寶鑑》裡的那句話，而是我認為不是註定的，所以才同意。

　　因勤勉而成為富翁這道理確實正確，但是大富翁不是接受天命、由上天揀選的。我幾經失敗後，靠著一次成功走到今天。我有很多經歷，並且以自稱（或別人稱我）老師的角色，向數千名企業家傳授企業之道。這樣的我如果再次失敗，還能從一無所有回到這位置嗎？

　　不！我可以憑著我的勤奮和觀察事業的眼光，做一個小富翁，但再往上我就沒有任何把握了。有一次事業成功的人，能再次在另一個事業上成功的比例並不高。如果富翁是上天註定的人，那麼他隨便都可以再度變富翁，他有這樣的命運。反過來說，如果大富翁是由天註定的人，那麼不是被天意命定的人，無論怎麼努力也不會成為大富翁。

　　相信這種宿命論的人，會解析財閥的生辰八字、改名字，非常迷信。改名字的用意是堅決以全新的身分生活，並不表示新的名字會帶來另一個人生。如果改名字就可改變人生，我想世界上的名字應該都很相似。

　　一個人能成為富翁，並不是因為他有特別的命運，只是具有成為富翁的環境而已。就是努力、誠實和勤奮的致富要素，有了這些要素，剛好有一天就成了真正的富翁。

　　我在事業上成功也是因為運氣，當我開始這事業並擴張的時期，我剛好在那城市，所以我說這不是實力而是運氣。如果那是實力，就表示我是一個厲害的人物，無論何時何地都能成功。但我不是那樣的人，我只有一個比別人厲害的地方，就是我非常明白那是運氣。這就是我們應該常常為自己所擁有的財富感恩、謙卑的基本原因。

04 想創業的年輕人先去小公司吧！

當你知道自己擅長此工作時，
便隨時可能自己創業，因為這期間所累積的
資金和經驗，將會消除創業的困難。

　　沒有資本或創意也可以創業。創業是容易致富的方法，也是最困難的方法。任何人都可以創業，但是成功率很低。有三分之一的創業公司存活 5 年以上，而中小企業是能降低創業失敗、匯集資本、接受經營管理訓練的地方。

　　大型企業因規模較大，所以能處理的業務有限。如果你是下定決心一定要創業的年輕人，我希望你選擇進入小公司學習今後想要從事的職業。最好是有三到四名員工、有自己的職責但比較沒有劃分工作領域的小公司。因為你可以隨著公司的成長學到很多東西，如果失敗也是老闆的責任。

　　無論你的興趣是資訊、傳播、製造業，只要進入小型公司

就可以接觸所有，等於一邊領薪水一邊學習事業。而且**因為是小公司，所以你可以觀察各樣業務的運轉情形。把工作當作自己的事來努力，雖然年紀輕，也能很快被升遷。若公司成長順利，還有可能直接成為管理者，反而比大企業得到更好的待遇，也比較有工作成就感。**如果希望有高薪和優渥的福利，那麼立刻進入大企業是比較好，但你將一輩子過領薪階級的生活。

學習創業的祕密

　　一個身無分文的年輕人，也可以在幾年之內開一家咖啡店。接下來我就要透露這個祕密。首先進入一家在社區當中生意興隆的咖啡廳，那些地方常常有打工兼差的職缺。進去上班之後積極地學習，像做老闆一樣認真地努力工作，把自己當作老闆，主動觀察、包攬所有事務。甚至熱愛工作到一個程度，讓顧客們因為你而更喜歡光顧。最後你會做到經理的位置，接下來是策劃取代老闆。成為經理，提高銷售業績，管理員工順暢，創造一個不需要老闆的狀態。

　　那麼老闆將會採取兩個行動，有的老闆會到處遊玩，有的老闆則想再開一家店。從這一刻起，你將成為像老闆一樣擁有決定權的人。老闆會害怕你辭職不幹，所以他不敢再去打室內高爾夫球，因為沒有管理第二間商店的人。我不是教大家用威脅的方式，我的意思是或許你有機會用分期付款的方式收購一

間店。因著你的熱情和能力，有機會成為老闆的合夥人。就是像這樣透過一邊領薪水，一邊學習工作和經營事業。而且當你知道自己擅長此工作時，便隨時可能自己創業，因為這期間所累積的資金和經驗，將會消除創業的困難。

我若重來還是會選擇創業，即使現在失敗，還是會創業。如果我的兒子要創業我會很開心，因為**唯有透過創業成功，才是最快從土湯匙白手起家的捷徑和唯一之路。我想自己僱用自己，並隨心所欲盡情地給自己薪水**。我絲毫沒有想進入大企業，在那裡得到肯定來度過我人生的念頭。我想自己肯定自己，掌握自己的人生。

我喜歡挑戰，喜歡隨心所欲地工作，渴望看到我的創意實現。年輕的創業家進入小公司，在那裡累積經營公司的經驗後，到三十多歲再創業也不嫌晚。二十多歲在公司學習，三十多歲創業，四十歲繁榮發達，五十多歲讓給接班人，六十多歲從職場退下來享受生活，這就是最好的人生。

05 持續和學習

人生是認真的生活才能勉強站穩，
若偶而有時間才做，不知不覺幸運就來臨了，
那麼我認為這幸運不是幸運，而是不幸。

　　每當我想改變某種事物，或者有一個強烈的願望時，我會有持續 100 天的習慣。持續 100 天積極地努力，就會發生改變，我的目的是證明自己做得到。

　　《中庸》裡面「能久」的「久」這字是持續（duration）的意思，具體的期限是 3 個月。孔子的教訓是任何一件事只要持續 3 個月不斷地做，就能改變其本質。這是我從檮杌老師（金容沃教授）那裡聽到的，後來我才明白這概念來自於非常古老的教誨。

　　中文的「功夫」英文翻譯為 "to study"，其實是鍛鍊身體的意思。我相信 3 個月持續不斷鍛鍊身體的人，能改變任何事。生活中最重要的事情之一，就是持續地實踐。

　　若有人想改變自己，我建議持續 3 個月。想成功節食，就

要試試持續3個月下午5點以後不再進食。想戒菸就忍耐3個月。想要鍛鍊胸肌就要做3個月的伏地挺身。想學習股票，就花3個月看遍數百個YouTube相關影片，融會貫通所有相關書籍。無論那是什麼，若想達到專家的水準，就要花3個月的時間努力。3個月是最好的時間，能改變一個人的身體、心靈和想法。想要改善自己的生活，最好在固定期間付出實際的努力，在這樣的過程中正確地養成習慣。弘揚健康被稱為傳道人Arnold洪教練，數年來一直以「100天的承諾」標語，幫助一般大眾為了健康而改變習慣。他的信念就是鼓勵大家持續運動100天，改變自己的人生。

具體而言，那些不嘗試任何動作的人，就別妄想下個月或明年自然就會產生另一種生活。賺錢和投資的事，也需要付上努力、學習和研究的代價。人生是認真地生活才能勉強站穩，若偶爾有時間才做，不知不覺幸運就來臨了，那麼我認為這幸運不是幸運，而是不幸。

若非經由努力而得的幸運，總有一天會被奪走。不管是什麼，都持續努力地實踐，雖然困難也要堅持100天。若覺得100天很難，那就做3個月。這道理吸引你嗎？希望你能被吸引。

06 能做的事業無止境

從一個小小的疑問而開始的挑戰，
有機會變成傑出的事業，
可開發的新事業仍舊無止境⋯⋯

　　有些人想做事業，但真要做的時候，卻覺得沒有什麼可做的。我的記事本裡記錄著數十個可行的事業，其中大部分都不需要太多的資本。那些我認為平常生活裡需要改善的事物，後來全都變成了我做生意的靈感，所以「沒什麼可做的事業」這想法並不屬實。

　　看起來這世上所有必要存在的事業已經達到飽和了，但我的想法正相反，還有很多可發展的新事業。**既有的事業者經營不佳，或者已經經營失敗的事業，都會是絕佳的新事業。**我所記錄的就是這種，我要把它公開，幫助大家看見我如何尋找新的事業項目。

有一次我和晚輩們一起去日本的銚子市旅遊，從銚子市可以眺望太平洋。每天早晨我沿著海灘散步，看見海邊到處都是漂流木。我平時就有用木頭製作桌子的愛好，所以當我看到那些被海水浸泡後變堅硬的樹木，便激起我想擁有它的欲望。

也許這些是從世界某個地方，被颱風吹斷的樹木，在太平洋上漂來漂去後漂到了這裡。一個有才幹的木匠能利用這些樹木製作成精美的家具，並且可以為這家具的品牌命名：「你來自哪裡？」為品牌創造一個故事：在異國某海邊成長的一棵樹，最後被製造成家具。在悠閒地清理散落在沙灘上的木頭時，就可以生出故事。也可以藉著再生、環境保護等議題，創造與現代產業倫理相融合的家具公司。

看見創造事業的機會

最近男性們也很會化妝，或許也可以開創男性化妝品專賣店。因為很多男性覺得不方便到女性商店選擇用品，而且男性用品種類也越來越多。這些都是可以考慮嘗試的創意，但很多時候我們比較習慣只是當作一個構想而已。平時我若看見產業漏洞等問題，會把它記下來，也實際地嘗試實現它。

其中一個就是花店。在美國即便不是特別的日子，大家平常也會買很多花。超市最前面就擺滿了花，那些不是送禮用的，

所以可以在購物時隨手拿一束，也不用包裝就放入購物車裡。但是我發現韓國花店很少，只有在市區地下室的角落裡，貼著一張「鮮花配送」的標示。商店前後的舊花盆上，有一些既沒枯死也賣不掉的植物。

我住在飯店的時候，偶爾也會買些花放在房間裡，但是在韓國買花非常不方便。我做了一番調查後發現，韓國的花卉市場是以婚喪喜慶為主。80% 的鮮花銷售到婚喪喜慶的市場，個人消費市場不到 20%，像我這樣即興式購買鮮花的人不到 1.5%。與美國完全相反，在美國個人消費市場是 80%。於是我決定在韓國開花店。我真的很納悶是韓國人不買花，還是市場流通有問題。在預備開設商店的過程中，我完全站在消費者的立場來看所有觀點。例如將冰箱設計成開放式的，讓消費者可以隨意觸摸花朵，上面標示的銷售價格也訂在消費者容易接受的範圍內。身為零售商店首次在「農水產物貿易振興中心」（aT Center）拿到了拍賣權。若有好的進口產品就直接進口，也可以一朵一朵的銷售。我開店至今約有兩年，在首爾已經擴展了 12 間花店。除了如花般的青少年之外，如今所有的年齡層，不分男女老少，像到便利商店一樣，隨時都可以進來買鮮花。

原來韓國人不是不喜歡花，而是韓國流通市場的問題。因為他們的經營方式，讓像我一樣想要買花的人無處尋得。現在韓國 SNOWFOX FLOWERS 的總銷售額，達到全國零售商店第一名。

預估在首爾市中心，就可以開設三百多家，是可以上市的典範。從一個小小的疑問而開始的挑戰，卻達成了傑出的事業。

認為沒有什麼事業可做的人，是缺乏發掘創意的眼光。可開發的新事業仍舊無止境，如果你還是找不到，建議你去參加所有的國際展覽會，只要展覽會名稱前面有「國際」兩個字就去參觀。裡面一定有一些剛起步的公司，或者因租不起昂貴的攤位，老闆一個人守在角落裡的外國公司。若能拿到韓國的代理銷售權，或改善一些構想，就是新的事業了。可行的事業毫無盡頭，希望充滿野心的創業家們能睜大眼睛。

07 企業家
是自由的職業

擁有最高學歷的人，
夜以繼日努力讀書的目的，真的就只是為了
求得這樣的工作嗎？人生只有一次，
我堅信一定有能讓自己成為禮物的一條路。

　　我不相信年輕人的夢想是進入大公司工作，我為他們為了做公務員而拚命讀書感到難過。

　　在大企業最大的成功，就是成為高階主管。大企業的高階主管是有薪階級的一顆星。根據韓國經營者總協會的一項調查，摘這顆星的機率為 0.7%，每 1,000 名當中，只有 7 個人能成為高階主管。進入公司後，平均需要 18 年才能晉升為經理，而晉升到高階主管平均則需要經過 22 年。1,000 名大學畢業生進入公司後，被提升為經理的只有 24 人，成為高階主管是 7 人。按照這項調查，2.4% 的人被晉升為經理，那麼其餘 97.6% 的人，不但沒有成為經理還被解僱，到那時年紀已經是四十多歲了，而且高階主管的晉升率每年都在下降。

有一次總領事館邀請休斯頓地區分公司的代表出席。他們大部分都是與韓國煉油產業有關的子公司總經理，也是由韓國總部任命的高階主管。令我驚訝的是，他們一邊輕鬆地談論數萬億韓元的計畫案，但是在私下交談時，卻擔心回去後退休的生活。

大企業將奪走你的夢想？

結論是即便成為高階主管，也不過就是領薪階級。很多人憂心忡忡，擔心任期結束後回國是否還有其他職位，又煩惱退休之後孩子的學費和汽車等費用著落。那數萬億、數千億韓元都不是他們的錢。

我只能說那些想進入大企業的青年們，可能根本不知道這事實。如果他們知道，怎麼會把人生投注在挑戰這 0.7% 的成功率上，然後等 50 歲退休之後為車子和學費擔憂呢？擁有最高學歷的人，夜以繼日努力讀書的目的，真的就只是為了求得這樣的工作嗎？真讓我匪夷所思。

大企業不再是夢想的地方，而是奪走夢想的地方。真的想一輩子靠著賣自己的時間來賺錢過日子嗎？事實上，我說「一輩子」也不對。也許你會被要求在 50 歲之前提前退休，從那以後沒有人願意再花錢買你的時間。但是你還要活幾十年，那把

年紀還能重新開始嗎？這真是你人生的目標嗎？為什麼你不會
想成為資本家或企業家呢？是害怕失敗嗎？創業成功的機率比
成為高級主管的機率高 42 倍。如果是因為沒有創業資金，難道
這世界上所有的創業者，都是抱著資本誕生的嗎？創業本來就
是從小規模開始。企業家的創業精神是願意去挑戰，即使只有
10% 的成功率。聽說 90% 的人會失敗，因此害怕而猶豫嗎？那
麼我要再次提醒你，即便你成為 0.7% 的那顆星，到了 50 歲還
是得退休。

　　就算經營事業失敗的機率為 90% 是事實，但是爬不到高階
主管位置的機率，比事業失敗的機率高達 14 倍以上。你會想跳
進這種低效率的競爭中嗎？你不想和昨天的自己競爭嗎？不想
成為自己生命的主宰嗎？或許你已經進入職場，或者職業是醫
生、律師也沒關係，如果有機會就去創業。即便是醫生你也可
以夢想自己是一個擁有醫生執照的經營者，或是擁有律師執照
的經營者。**誰都可以成為企業家，也可以成為資本家。僅此一
生，千萬不要以進入大企業為人生的目標**。要常常勇於挑戰，
逃脫框架。盼望各位能為自己做夢，夢想自己給自己薪水，終
身僱用自己，甚至將時間歸還給自己。

　　企業家是唯一可以把自己當作禮物送給自己的職業。人生
只有一次，我堅信一定有能讓自己成為禮物的一條路。願各位
的希望和夢想都能戰勝恐懼。

08 每筆錢都有不同的品性

有堅定的生活哲學，才能匯集優質的錢。
只要錢的主人下定決心積存優質的錢，
那麼錢會自動黏在主人身邊。

　　每一分錢會隨著產生的過程，具有不同的個性。每筆錢都有性格傾向和氣質，所以有很固執的錢，有非常大膽的錢，也有些軟弱無力的錢。有些錢喜歡待在家裡，有些錢出去後永遠不會回來。正如出於同一個父母的兒女，他們的喜好和性格也都不同，而金錢也一樣。

　　同樣的 1,000 萬韓元，靠著粗重勞動賺的錢、從投資股票賺的錢、從賭場賺的錢、從儲蓄生出來的利息錢，絕對不同。因為每筆錢都不一樣，所以有些錢死黏著主人，無法發揮錢的價值；有些錢很容易消失，有些錢會引來其他的錢，甚至有些錢會帶走周邊的錢。因為錢隨著產生的方式，而長出性格和傾向。

　　因此賺錢的時候，要盡可能賺品質好的錢。所謂品質最好

的錢，當然是以正當的方法一點一滴積蓄的錢。如透過薪資收入、合理的投資或正當的事業所賺的收入。

營造讓錢黏住你的環境

透過自己的創意和勞動賺來的錢，等於是把自己人生唯一的資產 —— 時間給了別人再換得錢，所以特別珍惜又驕傲，比其他的錢更珍貴，會像對待孫子孫女般那樣的寶貴。若不隨便亂用這些錢，讓它變成資產，透過投資或儲蓄就能不斷地產生利息。

相反的，與這些寶貴的錢相比，如一擲千金似的從賭場贏來的錢，會在下一個賭場裡將其他剩餘的錢帶走；用詐騙而得的錢，會花在奢侈和放蕩的生活上，最後毀滅人生。以類似投機的方式投資，或者以急於致富的心態，盲目地利用槓桿原理，靠運氣賺得的錢，也會用在向人炫耀的地方，最後這些錢一口氣會帶著所有的錢一起離家出走。有時候劣質的錢會傷害主人，也會毀掉他的家人。

有堅定的生活哲學，才能匯集優質的錢。只要錢的主人下定決心積存優質的錢，那麼錢會自動黏在主人身邊。因為不貪婪，所以不會受騙；因為行為端正，所以不會把錢浪費在虛浮、飲酒作樂的場合上；因為不圖不勞而獲，所以不會有丟臉的事；

因為不圖公家的錢，所以不會卑躬屈膝。這樣的人身邊的機會變得更多，也有很多運氣跟著他。會湧進很多品質好的資產，也不會傷害他的家人，反而讓家人彼此凝聚。**就算靠幸運所得的資產，只要與好品格的錢混在一起，也會變成好品格的錢。**

彷彿生長在不同環境的年輕人，進入軍校學習紀律和校風，成為具有相同價值觀和規範的夥伴，最後成為軍官一樣。我們都知道交朋友的時候要慎選，而存錢也要如此。這樣積蓄的錢越多越好，它會堅定地守護你和你的家人，不會分散。而且會長久留在你身邊守護你的人生，讓你享受人生，成為一個受人尊重的富翁。

銅板是金錢的種子

在某一個曼哈頓下雨的夏天，吃完晚餐後，我和家人一起到梅西百貨公司，它坐落在 34 街，有一百年多年的歷史，像遺蹟一樣聳立著。百貨公司正門的地板上有一塊銅版，上面記錄了該公司的歷史。我正想著有多少資本、財貨及有錢人踩著那銅版穿過了這道門。這時有一個看起來約 40 歲的乞丐坐在銅版前，淋著毛毛細雨，向路過的人投以乞求同情的眼神。我看到他寫在紙上的求助內容，我想他應該是受過相當教育的人。

夜已深，我想他可能沒有吃晚餐，於是我將口袋裡不多的

現金放進他面前的杯子裡，然後我又回來站在屋簷下。有幾個人從口袋裡拿出硬幣丟給他，接著有一個更慷慨的印度女人給了他一張金額不小的紙鈔。這時可能他才有足夠吃晚餐的錢，於是開始收拾他簡陋的行李。最後他看了看杯子，並從眾人給的硬幣中挑出幾個硬幣扔在街道上。後來他可能怕雨水淋濕了求助牌，便把它夾在背包和後背之間，消失在雨中。

地板上躺著他所丟的 3 個一分錢（約 11 韓元），之後有很多人踩著銅版經過，但沒人注意那幾個硬幣。我淋著雨向前走了幾步，用手撿起 3 個淋濕的硬幣放在手上。其實在美國 3 分錢買不到任何東西，但我知道不看重小錢的人，也無法管理大筆的金錢，所以我像撿寶石一樣把它撿了起來。這時結束購物的妻子和兒子，拎著兩雙超過兩萬美分的運動鞋走了出來。我玩弄著右邊口袋裡的 3 個硬幣，一邊自言自語地說：「這些銅板是金錢的種子」，一邊跟著兩人走回家。

人不太了解一個事實，就是小錢能讓人變富翁，大錢能讓人變貧窮。或許那曼哈頓街上的乞丐，10 年前比我富有。也許是在曼哈頓的金融街，從事管理大筆資金的工作，後來因發生失誤而破產了。或者因輕視小錢，只顧追逐大錢，而導致今天的結果。在這過程中，那歷經無數次失敗的東方貧窮移民小子卻變成了有錢人，在曼哈頓第 5 街買了一戶有陽臺的房子，作為週末偶爾來度假的地方。我的意思是因為珍惜小錢，所以大筆錢也跟著來。

09 家族中的「鳳凰」該如何對待親人？

如果資產規模已超過 100 億韓元，
就是資產創造資產的時期。

　　或許大家覺得在兄弟姊妹當中，若有人變富翁，總比都沒有人發財來得好，但家人之間會因此發生各種意料不到的問題。

　　一個國家若爆發貧富差距，也會導致社會的安全網崩潰，緊張的局勢高漲。當家人之間的貧富差距拉大時，會瀰漫著不和睦、失落和指責等。我相信我的讀者都會成為富有的人，因此我想預先告訴各位，當你變富有的時候，該如何與父母以及兄弟姊妹相處。

　　我所提供的看法，可能因賺錢的規模和是否結婚而有些許的差異。我以自己的情況為例，將自己曾犯的錯和做對的部分整理好記錄了下來。

情況一，資產規模在 10 億韓元以內

此時不應該做的事情如下：借給兄弟們創業資金、給父母換房子或車子。

應該做的事情如下：給供養父母的嫂子或弟媳買名牌包、給剛進入大學的姪子買筆記型電腦、家族聚餐時你請客、定期給父母生活費等。

這是剛擺脫貧窮成為富翁的情況，是默默照顧家族中比較辛苦的婦女或姪子們的時期。因為可能會引起家人之間的嫉妒和猜忌，所以要照顧比較辛苦或被冷落的家人。這時還不到一定要提供創業資金或換車子的程度，自己的資產還未紮根之前不要動用大筆錢。除了父母的生活費之外，任何費用都不能作為經常性支出。

給父母親的生活費要像發薪水一樣，必須在固定日子自動轉入，不可遲延。不要讓父母操心，若延遲一天父母親就會擔心孩子的事業是否遇到了問題，或以為自己做錯了什麼。每個月都要固定轉入，**如果事業逐漸擴大，就慢慢提高金額。而且把「生活費」改說成「投資股息」，不要讓父母覺得拿生活費時要看孩子的臉色。**向你的父母解釋這些「股息」是他們年輕時，對孩子投資的努力和價值，請他們坦然接受。

　　也鼓勵父母不要將生活費存起來，若生活費沒有按時入帳，他們會感到不安，不敢花用。為父母辦理現金卡，避免他們把自己的生活費存下來，幫助其他家境困難的兒女或孫子孫女。如此便可以從存摺上看見他們每個月搭計程車、喝咖啡，以及買花的所有花費明細。

　　千萬不要接受兄弟們的投資邀請、支援購買房子資金、提供生活費等。這時期一不小心會變成還未從水裡游出來卻被抓住腳踝的情況，最後大家再次陷入貧窮。要注意這些事一不小心就會斷絕兄弟之間的情緣。現在是優先照顧你的太太和兒女的時候，而不是父母或兄弟姊妹。用這些錢給嫂嫂、弟媳、母親、姊姊妹妹們買高級皮包效果會更好。**這時期不是支援家人的時候，而是防止家人分散的時候。**

情況二，資產規模在 50 億韓元以內

　　這時候是給父母買房子或買車的時期。不再是只給父母零用錢，而是承擔全部生活費的時候，也是供應姪子們學費的時候。兄弟之間的嫉妒已過去，到了彼此接納的時期。這時即便花費這些大筆錢，也不會聽到擺架勢、裝闊之類的冷嘲熱諷。照顧姪子們的理由有兩個：強化堂兄弟關係的共同體概念，也能使他們經常見面，彼此相處融洽。

　　另一個好處是兄弟姊妹們會更減少向我們請求困難的幫助。如果有一個富有的兄弟姊妹，為自己的孩子繳學費、送他

們去旅行、開學時為他們換新的筆記型電腦等等，他們就不會提出無理的要求。花在姪子們身上的錢，比用在提供兄弟們事業資金或支援購屋資金等便宜，也是智慧聰明的支出。這個時期仍然需要以謹慎的態度來支援兄弟們的需要。

情況三，資產規模超過 100 億韓元以上

這時期兄弟姊妹當中不應該有窮困的人，我們要積極幫助他們擺脫貧窮，現在他們的貧窮是我們的責任。為兄弟姊妹當中具有企業家特質的人成立公司，並賦予職責。不僅我們自己成為富有的人，也要讓家族變富有。如果資產規模已超過 100 億韓元，就是資產創造資產的時期了。

這時期可以每年送父母去旅行，也送父母的朋友一起去，讓父母在朋友面前為自己的孩子感到驕傲。**不是成為家人和親戚之間的「鳳凰」，而是保護的關係**。若有需要支持親朋好友的婚喪喜慶，或住院費等之類的事，我們就是保險顧問的角色。而且這些都要透過配偶去做，如此我們的配偶才會在家族中得到尊敬，也能與我們一起享受成就感。

10 失敗的權利

阻止孩子創業的父母才是失敗者，
這些父母將自己的恐懼傳染給孩子。

　　可能有些人讀完這整本書之後，還是沒有勇氣，也不知道方向。我目前擁有幾家公司，並且各個公司都有總經理在經營。但我從來沒有因總經理們失敗而懲戒他們，反而我會責怪他們缺乏挑戰。在某些情況下，我看到了他們失敗的部分，但我暫時放著不插手。因為或許這一次的失敗能阻止下一次的失敗，或者是我自己做錯了。我經歷過很多次失敗，現在仍然在生活中經歷著失敗，因為我還是喜歡接受挑戰。

　　失敗是權利，特別是年輕人的失敗，他們有失敗的特權。無論我們的時代如何歌頌成功、貶抑失敗，但這世界上有多少沒有失敗的成功呢？**一個從來沒有失敗就達到成功的人，很可能會因為一次失敗就失去所有。**因此沒有失敗融入其中的成功還不算成功。沒有鋼筋的混凝土能撐多久呢？

　　做父母的也應該包容兒女的失敗，要懂得歡迎失敗。很多

父母因自己曾失敗，所以很希望自己的孩子不要經歷失敗。他們為了不讓孩子失敗，而阻止孩子接受挑戰，最後卻因此導致孩子失敗。若我們有個失敗的兒女，則代表我們有個願意接受挑戰的孩子。阻止孩子去創業，鼓勵他們去就業的父母才是失敗者，這些父母將自己的恐懼傳染給孩子。只要有父母的包容和接納，孩子們一定可以再次接受挑戰，而且總有一天會成功。

年輕人絕對不要懼怕失敗，失敗是你們的權利，今天你依然有失敗的權利。各位是否想像過沒有失敗權利的世界會是如何？失敗是年輕人必須遵守的權利。每個人都在彷徨、挫折中成長，沒有人未曾經過一次失敗，就踏上成功的門檻。**失敗不是犯罪，就算是魯莽的事，也要不斷地挑戰它，因為對那些不願去挑戰的人而言，所有成功的過程都是冒險。**

11 書本讓人富有嗎？

我們常常在閱讀的過程中，被作者深深吸引，
對作者驚人的思維和見解感到好奇，
不知不覺成了知識的俘虜。

　　我相信書籍仍然是生活中最好的工具，雖然我們可以透過
網路或媒體找到更快更準確的資料，但比不上書裡提供的隱密
資訊。我現在每個月依然購買二十幾本書，因為我所關心的事
各式各樣，所以閱讀量偏多。如果我對物理學的理論有興趣，
就會立即訂購相關書籍。若對債券好奇，便把所有關於債券的
書籍全買齊。若喜歡某一位特定的作家，我甚至會去二手書店
尋找他已絕版的書。

　　還好我閱讀書的速度很快，三百多頁的書兩三個小時就能
讀完。必要時我會在書上畫線，或者當我讀到某段內容或單字
時，會將我的一些靈感或想法寫在旁邊。即便我的想法與書中
的內容不同，我也會將它記下來。如果那本書與主題不合、內
容不實，或者我不太喜歡，我不會非把它讀完不可。有時因我

忘記了書名和作者，所以又重複買了讀過的書。還好現在用網路訂購，付款之前會親切地顯示買方的購買紀錄。

我的書房裡有數千本書籍，是這些書讓我成為富翁的嗎？不是。書不能讓我們致富，而是當我們有了理解書的能力，並主動發掘問題時，才會遇見致富之道。

與巨人同行的方法

我們常常在閱讀的過程中，被作者深深吸引，對作者驚人的思維和見解感到好奇，不知不覺成了知識的俘虜。把事實擺一旁，將書中所有的內容當作真理全盤接受，完全沒有自己的想法。然而即便是最有名的作家文章或偉大學者的理論，都不完全正確，連聖經都有誤譯和遺漏的部分。但有些人卻對作者著迷，甚至用手抄寫他的書，比作者還清楚記得書中的內容。只看見作者書中某些內容是正確的，而完全不思考除此之外其他部分可能有問題。那麼哪一部分是正確的，哪些部分是錯誤的呢？

其實有一本「書」會告訴我們這答案。有些人讀完一本書，備受其中影響，精神知識增加後，反而覺得自己很寒酸。若是如此，讀越多的書，肩膀更下垂，膝蓋更無力。不是騎在巨人的背上，而是被壓在巨人的屁股底下。這時有一本書能讓我們

挺起胸膛、膝蓋伸直，並告訴我們與巨人同行的方法，那就是「散步」。**透過散步來接觸活生生的書。不會讓我們產生懷疑、提問的書，無論怎麼讀都是一本死的書。**

我們要透過散步的時間，來思考從書中領受的主題和觀點，不要盲目的被作者的權威屈服，要以自己的標準判斷對錯。透過這樣的時間，練習挺起下垂的肩膀、伸直彎曲的膝蓋，獨自站穩。每當閱讀的時候，可能膝蓋會再次彎曲，但是只要繼續練習獨立思考，有一天將會發現腿上長了肌肉，肩膀挺直，屹立不搖。所以要**透過散步和自問養成懷疑和提問的習慣。**

盼望各位藉著走路或安穩坐著時，思考一下今天讀過的書。那麼將會發現再偉大的老師所寫的書，有些內容可能是為了增加篇幅而寫的廢話，有的只是單純以銷售為目的，而寫出來的自我啟發而已，因為你心靈的膝蓋變健康了。散步能使我們身心保持健康，希望大家每天走 1 萬步以上。

12 神為何不公平？

遭遇挫折或失敗，不要埋怨神也不要責備自己，
那不是神的錯，也不是你的錯，
只要重新面對挑戰就好了。

　　當我們無論多努力也看不到希望，又遭遇持續不斷的挫折
和失敗時，就會埋怨神。當我嘗到好幾次失敗，感到挫折氣餒
的那段時期，也曾埋怨過神為何如此殘忍。我不了解我這麼努
力，又不做壞事，也勇於面對挑戰，為何屢屢失敗。我想像我
這樣的人若成功，一定可以幫助很多人，神為什麼不賜給我好
運，我實在覺得懷疑又委屈。

　　但是隨著時間的流逝，我發現神總是公平的，我想通不是
因為我成功了。無論是成功前或成功後，神都不干預任何事情，
這就是祂的公平。回想起來，無論我失敗了七次還是十四次，
祂都沒有參與。相反的，即使我肆無忌憚地賺了很多錢或得到
過度的稱讚，祂也不會干涉。神彰顯的公平就是不干涉這世界，
讓它自行運作。

人越相信神應該是公平的，就越失望，這種失望的情緒蔓延開來，最後就擴大成神是不公平的想法。但是無論多麼艱辛，都不要埋怨神，也不要倚靠神，要學習自立。**不尋求神的幫助，下定決心自己站起來，才能真正看到方向。神根本不會因你獻上的祈求和禱告而動搖。**

向神禱告是傾聽祂要說的話，而不是一味地對神傾洩自己想說的話。不相信神的人都知道這個道理，不知道為何反而信奉神的人常常折磨祂。遭遇挫折或失敗，不要埋怨神，也不要責備自己。那不是神的錯，也不是你的錯，只要重新面對挑戰就好了。

神不干預世界，並不是因為祂冷漠無心，而是無為而治。不是因為神不愛我們，而是因為祂真的愛我們。祂讓我們自己行動，讓大自然自行運作。神一旦介入世界，世界上一切所有都會停止，就是死亡，這就是神領導世界的方式。

神透過不干預向人彰顯祂的祝福和支持，盼望各位盡情帶走世上所有的財富和祝福，透過財富實現你的願望。

13 只會投資的宋老闆和他常生氣的太太

公司應該有投資的比例，
沒有公司會將每年 100% 的利潤用在投資上。

　　宋老闆是經營之神，他所開創的每個賣場都很成功，製作的菜單頗受好評。位於首爾附近的甜點咖啡廳常常客滿，附近還有一家他經營的烤肉店，一樣生意興隆。宋先生工作的咖啡廳後面，有一間和咖啡廳一樣大小的研究室，其入口處貼著「研究室」的標示牌。宋老闆的電腦檔案裡有兩萬多張照片，分別有菜單、陳列方式、照明、器具、道具以及服裝等，整理得井井有條。全都是他走訪日本、歐洲和東南亞等著名餐廳而獲得的靈感。因著宋老闆的這種學者式的探索，咖啡廳的客人不必出國旅行，也可以享受來自世界各地的美食，因此他的咖啡廳總是高朋滿座。

但是他的太太經常生他的氣，因為他們結婚將近 20 年，但至今都還沒有屬於自己的房子，也沒有存到財產。周遭的人都以為他們是真富豪，生活艱難的娘家也隱約期待他們的幫助，但他們真的沒有錢，也沒有財產。儘管他有兩間店面，但每天從早到晚都要到店裡工作，否則連生活費都沒有。他太太因看不慣他的行為，所以不去咖啡廳幫忙，而是去烤肉店工作。

夢想遠大的宋老闆

宋老闆咖啡廳後面的研究室裡有六名員工，比在咖啡廳裡工作的四個人還多。研究室的職員不做咖啡廳裡的工作，而咖啡廳員工的夢想是進入研究室，因為那邊薪水比較高，工作也富有創造力。宋老闆的夢想遠大，他想把這咖啡廳擴展到全國，創造成大企業。所以他設立了食譜研究室，與員工一起製造世界上所有美味的食譜。他們開發食譜的速度之快，一年更換四次全部的菜單。雖然顧客們都很開心，但他的太太卻心急如焚。

原因很簡單，因為宋老闆的咖啡廳所有收入，全部用在研發菜單和研發人員的薪資上。他帶著員工去日本學習食譜，也隨時升級菜單，每年花費在製作菜單標示牌和改造設施的費用，就超過了咖啡廳的利潤。每次新的菜單都會大賣，他興奮得認為自己會發財。菜單改變，所使用的杯盤等也跟著換新，杯盤換新，連餐桌和照明也全都更換。偶爾看到業界的人來稱讚宋老闆，又羨慕他的樣子，他太太內心就翻騰不已。

　　宋老闆是完美主義者，他在經營咖啡廳之前，曾經做過汽車保養服務中心，在那之前還經營過印刷廠。那時他為了想創立韓國最好的印刷廠，只要有收入就進口德國製或日本製的印刷機。曾經又為了創立專門維修進口車的一流保養中心，而購買各種類型的二手進口車，將它們全部拆卸後研究。

　　他很會賺錢，但賺到的錢全部拿去投資在事業上，他的太太從沒有摸過這些錢。現在若不是咖啡研究室，每個月還會有 2,000 萬韓元的利潤，但這一切都用在研發人員的薪資和材料的成本上，一毛也不剩。若不是從烤肉店抽出一些生活費，這些錢一定又被他拿去聘請更多研究室的職員。社區裡的人稱讚他太太：「妳先生那麼努力工作，賺那麼多錢真是太棒了！」聽到這些話她快氣炸了。

宋老闆的罪狀

　　我很清楚宋老闆絕對不會成為富翁，正如他太太所說，宋老闆的咖啡廳或烤肉店生意越好，投資在店面和員工的錢就越多。

　　宋老闆的第一個罪狀是無限投資。公司應該有投資的比例，沒有公司會將每年 100% 的利潤用在投資上。就算宋老闆有數十間商店，那些錢也不會流向他太太。因為他為了建立更大的公司，必須做更大的投資。若有任何閃失，就會再次跌入谷底。

第二個罪狀是侵占。挪用他人的財物，就是違反刑法，得以處 10 年以下有期徒刑或 3,000 萬韓元以下的罰款。宋老闆侵吞了他太太的財產。

夫妻的財產是共有的，一對夫妻住在一起，不管誰賺錢，一半的收入是屬於配偶的。宋老闆將他在生意上賺得的所有錢全部用在投資上，這就是侵占了妻子的那一份。若想全額投資，必須得到妻子的允許。但是妻子雖反對，他每年依舊如此。還有做先生的宋老闆最大罪狀是「經營無知罪」，他身為家長和經營者卻不知道將一半的利潤分給妻子，用剩下的一半發展事業才是最明智的做法。

宋老闆既是家長，又是企業的經營者。經營事業不是外在的架勢，也不是公益活動。他在這段經營生意期間，如果有持續將一半利潤給他太太，他太太一定會尊重他，並以他為傲，而且給太太的那一半，現在可能已經變成了一棟房子，或許也已經預備好養老金了。

若說「要維持像現在一樣的經營規模並擴大事業，就應該做這種程度的投資」，這種辯解是不對的。因為宋老闆做生意不是為了帶給家人幸福，而是為了自己的虛榮心犧牲了家人。這是他太太輕視這做先生的又對他生氣的主要原因。

我想提醒宋老闆：「請將一半的利潤還給太太，這是你太

太當得的股份，也是對你有利的。**家庭的財產除非轉給太太，否則不是完整的資產。太太所保管的錢才是家裡實際的資產。**若能如此做生意，既能保護你的事業，又能增加家裡的財產。而最大的福澤是你的太太會以你這企業家為榮。」希望「宋老闆」一定要讀這篇文章。

14 如何看待 合夥的關係

金錢比友情強硬，所以若合同不明確
或是有漏洞，就會破壞友情和親情。

對於接受投資的人，我想說：如果你能明白別人的錢比自己的錢更重要，那麼就可以合夥。如果你相信自己有義務向投資人每季定期報告財務報表，那麼就可以合夥。如果事業發展順利，你會將錢還給朋友，也沒有終止合夥的意願，那麼就可以合夥。如果你相信自己拿薪水時，有責任向合夥人報告薪資水平，那麼就可以合夥。如果你有信心讓彼此記錄和閱覽所有詳細的資金執行情況，那麼就可以合夥。

對於做投資的人，我想說：如果事業出問題，你不打算取回你的錢，那麼就可以合夥。如果你認為事業不順利的時候，合夥人仍然可以拿薪水是正確的，那麼就可以合夥。如果你不會隨便對待合夥人公司的職員，對待他們像自己的員工一樣，

那麼就可以合夥。如果你確信自己不會在外面吹噓「這家公司是我的」，那麼就可以合夥。

對於雙方，我想說：如果兩人的合約有明確的文件並有公證過，對股份、職責、薪資、經營權、利潤的分配方式、責任的界線、股票轉讓同意權、再投資比率、合約終止條件等項目有明確的記錄文件，那麼就可以合夥。如果兩人了解董事會或增資、配息等用語，並以書面形式達成了協議，那麼就可以合夥。如果兩人有正確的業務職責表，而一方沒有履行職責的情況，能根據損益分配比率的調整達成協議，那麼就可以合夥。

合夥進展順利或不順利都是問題，若遇到不對的合夥人，比起工作的壓力，因合夥人造成的壓力更令人害怕。但是若遇到好的合夥人，就等於有兩個信念相同的人同心協力。因此為了維持良好的合夥關係，必須將所有的事物整理成文件，並尊重彼此的資產。

金錢比友情強硬，所以若合同不明確或是有漏洞，就會破壞友情和親情。造成夫妻或父子之間關係破裂的，也是那合在一起的錢。雖然兩人是朋友或家人的關係，但彼此之間的金錢不會成為朋友或家人，只有簽訂明確的契約才能讓彼此的金錢成為朋友或家人。希望大家能**明白友情歸友情、金錢歸金錢的觀念。唯有尊重別人的金錢，才能解決所有的合夥問題。**

15 不知道方向，就往寬闊的道路

不是專家的人，
若不想在特定資產領域中迷失方向，
只要找到資產所指示的大馬路就可以。

　　我曾在江南購買過一棟自己喜歡的建築物。該建物的所有者是一名六十多歲的男人，他本來堅決不賣，後來改變主意聯絡我。他有好幾棟建築物，他要賣掉的其中這一棟是為孩子補貼創業的資金。

　　當時我對房地產的了解並不多，交易完成之後，我問他：「您能告訴我一個購買房地產的眼光嗎？」他沉默了一會兒，或許他在思考我的詢問是真誠的，所以他真的只告訴我一件事，然後就離去。他說：「我只購買從捷運入口出來後馬上入眼的建築物。就是今天貼出來要出租或買賣的資訊，今天就有人聯繫的情況。如果不是因為我的兒子，我一輩子都不會賣它。金先生，今天你也是因為接到聯絡電話而來簽合約不是嗎？」

　　從此這位先生的標準就成了我購買房地產的標準。當然捷運站前的建築物都很昂貴，但是**如果可以選擇房客和房客的水準，變現也很容易時，也能將昂貴變成最便宜的**。即使是現在，當我購買建築物時，比起建物的大小，我還是比較關注地點（場所、位置），比起利潤我也看重地點，比起建物的年分我還是重視地點。因為我明白對於不是專門投資房地產的人來說，能獲得的最大又安全的利益就是地理位置。而且在我對房地產還沒有建立完全的自信之前，以建物的地點為主要購買目標，都沒發生過重大的失誤。

先選擇最大、最好的

　　到別的城市旅遊時走大馬路比較好，有時候明明有條大路，卻想尋找捷徑走小路，結果走入死路，或者必須重新繞回來。相信自己的方向感，有時也可能迷路。不是專家的人，若不想在特定資產領域中迷失方向，只要找到資產所指示的大馬路就可以了。

　　在還沒有完全了解的市場上投資的時候，這是非常有用的提示。我在購買股票時，如果對該產業沒有很明確的了解，我始終選擇第一名。之後若理解度提高時，也會選擇第二名。雖然我對投資房地產的了解仍然不足，但是在資產分配方面，有時我需要保有房地產。因此我光靠著只購買位於主幹道上的建築物，就已經做出了亮眼的成果。

不能成為富翁的人，他內心有不能成為富翁的想法。眾所周知，首爾市中心的房地產價格很高。其實貴有貴的理由，但是由於大家覺得太貴，所以到首爾附近通勤方便的城市去投資。蘋果的股價最近 10 年間上漲了 30 倍，其股票上漲有它的原因。但有人不是買蘋果的股票，而是買蘋果主題股或相關股票。在重要地點買一棟小小的建物、少買一點蘋果股票的方式是不對的，就像為了尋找捷徑而走入死路一樣。這又像有棵樹正在開花結果，卻硬要拿它的種子來種樹一樣製造風險。

最佳投資者經常做的事

當我投資時，總是考慮兩個問題：賺錢重要，還是避免損失重要。想要同時抓收益和避免損失這兩隻兔子，最後兩個都沒抓到，這就是現實。在投資世界裡倖存的人，不是「一桿進洞」（hole in one）的人，而是經常打出「小鳥」（birdie，低於標準桿數一桿）的人。一桿進洞的人很少有獲勝的情況，也不會為了在下一場比賽中獲得優勝，而冒著生命鎖定一桿進洞。但是每個人都對一桿進洞有興趣，卻忽略低於標準桿數一桿（小鳥）。就算打不到高於標準桿數一桿（bogey），或高於標準桿數兩桿（double bogey），也可以在朋友中成為優秀的選手。減少自己不知道及無法控制的事，就是最佳投資者經常做的事。

如果只走大馬路，就一輩子看不到有趣的事。當後街小巷

出現的小吃街上，大家都在賺大筆錢的時候，你可能無法參與其中。換句話說，**如果過度降低風險，可能會有跟不上平均增長的失誤**。但是不會因為我的利益比別人的平均利益少，就成為窮光蛋。如果發生一次問題就變成身無分文，就千萬不要有這樣的失誤，一旦落後將永遠無法重返這個市場。希望各位在了解所有大街小巷之前，必須走在大馬路上。

16 四分之一法則

比起像巴菲特那樣的極端節制，
我想更明確地為我的努力訂一個獎勵制度。

　　2019 年的春天，我曾與幾個年紀大的老朋友和年輕的新朋友，開車穿越美國旅行。我們搭乘大型 SUV 休旅車從洛杉磯開到紐約，這不是有特別目的地的旅行。但我有一個很想去的地方，那就是華倫·巴菲特先生，位於內布拉斯加州奧馬哈市的住宅。因為我難以置信美國最富有的人之一，所居住的房屋竟然比我的還小，所以我想去親眼目睹一番。

　　我聽說過很多有關巴菲特的儉樸和灑脫，但我很想親眼看看，他是否真的住在那種房子裡。當我抵達他的住家時，得知華倫·巴菲特先生剛開車離開去上班了。他的房子沒有保安設施，也沒有警衛，他就住在 62 年前以 301,500 美元購買的自宅裡。說實話，從巴菲特的投資實績來看，便知道他不買房子的理由。他的房子 2020 年時價格為 854,000 美元。如果將這些錢放在投資裡，將會達到 136 億美元。

擁有 900 億美元財產的巴菲特，之前一直使用三星電子在 2010 年下半年推出的 20 美元摺疊式手機，最近才換成 iPhone11。早餐也是在上班的路上，到麥當勞吃「早餐套餐」。他曾在接受美國有線頻道 HBO 的採訪中說過：「當我感覺財務不是那麼寬裕的時候，會選擇吃便宜的東西。」

平衡儉樸和奢侈的標準

他比我富有幾萬倍，但我的生活卻比他奢華好幾倍。

我的家比巴菲特的家貴好幾倍，而且我已經很久沒有在麥當勞吃早餐了。

我非常尊重又尊敬巴菲特的儉樸。世界首富之一，實際上過著美國中產階級極其平凡的生活，所以不用在圍牆上設置鐵絲網或聘請保全人員。這是最精彩的部分之一。

其他富豪在最高的地方圍築籬笆，在屬於自己的領域裡，享有保全攝影機和警衛的生活；與他們相比巴菲特的偉大無可比擬。

我雖尊敬他，但是完全不想效法。我雖然沒有非常奢侈，但我另有標準，我稱它為 "Quarter" 法則。英文 Quarter 的意思是四分之一，就是以與我相同經濟實力或收入水平的人為標準，我的生活水準是他們的四分之一。

如果我賺 10 萬美元，就要像賺 25,000 美元的人一樣生活；

若賺 100 萬美元，則就像收入 25 萬美元的人一樣生活；賺 1,000 萬美元，那麼就像一個收入 250 萬美元的人一樣生活。

　　四分之一的法則是為了平衡儉樸和奢侈兩者之間的標準，我訂定該標準的理由是為了克服一個危機，就是在不確定每年我的資產是否會增加的情況下若發生問題時，3 年沒有收入還可以生活。另一個理由是當我的收入越多時，我想把增加的那部分作為給自己的補償。因為比起像巴菲特那樣的極端節制，我想更明確地為我的努力訂一個獎勵制度。

富豪的品格

　　我的家人已經有很長一段時間可以不用考慮價格，在美國全食超市（Whole Foods Market）購買有機產品。他們可以盡情地買鮮花，並擁有休閒用、家庭用、上班用、野外用汽車。我們住世界上最昂貴的飯店，旅遊時搭商務艙或頭等艙。

　　如果明年收入減少，我們會按照四分之一法則，搭乘經濟艙或降低消費，就是自己設定獎勵和限制。我是一個經歷過貧窮的白手起家企業人，若要與那些收入水平與我相同的富豪平起平坐，我相信我的財富必須經過更長的考驗。如果我要像他們一樣購買噴射飛機，並擁有更大的豪宅，我就必須比他們多賺 4 倍。我認為那才是身為後來移民白手起家的富豪能有的最大奢侈。

　　東方哲學說陰陽調和才能呈現完整，我們眼睛看得到的房屋、衣服或汽車等都是屬於陽的部分，而言語、態度和飲食等都是屬於陰，因此對企業家或資產家來說，反而需要有適當格調的奢侈。

**　　企業家不超出奢侈範圍的穿著、乾淨的汽車、美化的房子等能提高信譽，而合宜的言語、端正的態度、攝取乾淨的飲食等能提升修養，這些都顯露出富豪的品格。**如果你是富翁但不想學習巴菲特，那麼盼望跟著我實踐四分之一法則，這是最安全的享受富有之道。

17 靠禱告不能致富

機會和運氣不只屬於相信神的人，
它會接近所有的人，
每個人只是需要努力和智慧來判斷機會。

　　神不能把你變成富翁，如果能靠著神的恩典成為富翁，那麼這世界的富翁都應該是相信宗教的誠實人，而想要效法他們成為富翁的人也都會相信神。在不信神的人當中也有很多富翁，而信其他宗教的人當中也有很多富翁。

　　神不關心能否把你變成富翁，祂無法製造錢，這是神無法做到的事之一。

　　無所不能、賜予所有祝福的神很奇怪，祂竟然把錢託付給人。這世界所有的宗教都一樣，無論多麼偉大、住在多麼雄偉建築裡的神，最後都會變成紀念品，因為人比神更懂得賺錢。

　　錢必須由自己賺，如果你是真正的宗教信仰者，你不會買一張彩券向神禱告希望中獎，並且說會把錢用在善事上。也要放棄認為自己只要誠實生活，總有一天神會讓你發財的願望。

　　富有不是靠禱告和誠實達成的，而是靠努力和智慧、機會和運氣。機會和運氣不只屬於相信神的人，它會接近所有的人，每個人只是需要努力和智慧來判斷機會。

他們是否比你更富有？

　　另外，像算命師、巫師、觀相學家、占星家或塔羅牌等，無論那叫做什麼職業，在詢問他們有關金錢的方向之前，要先弄清楚他們是否比你更富有。如果他們比你窮，就不用多問了；如果他們比你更富有，那麼你想比他們更富有就難了。

　　有時他們的占卜能救你，但除了善變的幸運之外，沒有任何或然率可言。到目前為止，在我的人生中，我從未倚靠過超自然的力量或信仰。以後我也沒有這樣的打算，也不會為了經濟上重大的決定而尋求神。如果是不能用考查或學習來解決的部分，我會利用直覺。也許向神禱告可以得到保護，但神保護不了錢包。倚靠超自然的心態就如相信夢是現實一樣，這種心態會造成非常危險的財務狀況，最後甚至導致破產。

　　有一段時間，因朋友的介紹我認識了一位相當有名的算命師。他的辦公室裡有許多高級政治人物和知名人士的痕跡。他拿起一杯茶與我面對面坐著，靜靜地望著我的臉，突然他放下還沒到口的茶，便拉著我走了出去。他帶我到附近的一家餐廳，

我不知道他怎麼知道我喜歡烤魚，他也沒問我就點了各式各樣的魚。當一道道菜擺滿了桌子時，他認真地問我：「拜託！請教教我賺錢的方法。」

那一瞬間我確實明白了，一個很能預測未來的人，面對錢就沒轍了。我建議他以《周易》命理學為主，設立一個生辰八字算命的網站。他說他第一次聽到這種建議，又說怎麼能用網路算命，揮揮手表示不能認同。我想那位算命師可能還在那辦公室裡卜卦賺錢，並漸漸老去。

18 聚財時當農夫，投資時當漁夫

一個有能力的漁夫會根據自己的判斷思考
該往哪裡撒網，漁夫不會打電話到水產協會
詢問下網的時間和地點。

　　許多人相信富翁因為有更高級的資訊，所以站在有利的投資點。也有些人認為富翁們因為錢多，所以他們可以在市場暴跌時，趁著逢低加碼買進，擴增自己的資產。

　　但有時錢越多越會造成更大的損失，有錢人和一般人的區別在於決策的方向和速度。他們在財富形成的過程中，做了許多明智的決定，所以站在那位置的機率就很高。有錢人累積財富時像農夫一樣，深入挖掘土地，等待下雨，戰勝乾旱，長期忍耐等候。當他們賺了錢擁有資產時，便像漁夫一樣到處走動，隨著到處出沒的魚群調整船頭，並隨著風向和水溫四處撒網。去年在這裡嘗到甜頭，但過了一年又隨著自己的直覺變更方向。
　　他們會根據投資資產的變動做出冷靜又快速的決定，他們

的主觀明確，所以不會受資產管理人或金融公司員工的意見影響。一個有能力的漁夫會根據自己的判斷思考該往哪裡撒網，漁夫不會打電話到水產協會詢問下網的時間和地點。**富翁之所以能夠繼續做富翁，是因為他們在同樣的情況下，發揮了兩個與眾不同的能力。**

首先，不會因為他們是富翁，所以就有一種系統為他們預測或傳達危機，他們只是在平時就預備好應對危機的發生而已。其次，當實際發生危機時，他們雖然沒有更好的應對答案，但是當他們看到答案，便會實際去實行。當一般人在猶豫的時候，他們已經顛覆了市場的情勢等候著。換句話說，他們有卓越的能力化危機為轉機。然而在危機時期，那更多的資訊和資產並不能幫助他們。

一個不能承受這種危機的富翁，也會往下墜落。富翁也是一種能力，因此經得起危機的人會更加富有。

19 存錢的四種習慣

這些微小的習慣不會讓你有錢，
但是有這些習慣的人，
一旦有錢進來，就絕對不會縮水。

　　沒有自尊感的人，即便有錢了也不會正確使用，所以錢對他沒有太大的幫助。缺乏自尊感的人有了錢也只會用在享樂上，在還沒有學會真正愛自己、尊重自己的狀態下得到金錢，就會以菸酒、娛樂、奢華、虛榮、交際、出國旅行、購買名牌等方式提高自己的價值。金錢可以建立自信和自尊，但是在擁有金錢之前，必須先具備幾個平常的習慣和素質。

　　特別盼望年輕人進入社會之前，必須學會這四件事。對尚未學會的成年人，也希望能有警惕作用。這些核心意義是在成為有錢人之前，要提前養成富者的態度和習慣，當財富臨到時，才能堂堂正正地領受它。

　　這四個習慣具有一個效果，就是當你適合擁有財富時，它能避免你的財富流失，並經常停留在你身邊。在沒有養成下列習慣和態度的情況下賺到錢，錢反而會傷害人。

一、起床後立刻伸懶腰

保持平躺的姿勢，將手臂伸到頭頂，雙手合十，身體呈 C 型，並左右伸展腰部。然後坐在床上，雙腿伸直，兩手十指交叉向上舉高，上下伸展腰部。

就是用伸展全身來幫助肌肉放鬆和收縮，這個動作能溫和地刺激體內肌肉，快速消除疲勞。它雖然簡單，卻是一種全身運動，肺部瞬間獲得很多氧氣。

早晨伸懶腰是一種與世界連結的動作，也能讓身體充滿能量。動物們雖沒有運動也會伸懶腰，那是所有動物身體自然的行為。如果養成伸懶腰後再起床的習慣，就能以感恩的心和充滿自信的態度迎接一天。伸懶腰就是用身體和心靈向新的一天打招呼，從一天的開始就是活力充沛的人。

二、起床後整理床鋪

整理自己睡過的床鋪，代表為生活感恩。飲食和睡覺的床，最能顯出一個人的生活品質。要感謝床讓我們睡得舒服，要對床表達禮儀。把被子攤開抖一抖，把枕頭擺正，就像飯店服務生整理房間一樣。晚上回到家躺在雜亂的床上，表示侮辱自己，若每天如此，便等於嘲弄自己的人生。懂得整理床鋪的人不是平凡的人，而是偉大的人。這種瑣碎的事能讓人變得偉大。

三、早晨空腹喝一杯水

若能喝一杯以上更好，但至少喝一杯。在吃東西之前先喚醒身體，補充睡覺時透過肺部、皮膚和呼吸所排出的水分，稀釋黏稠的血液，促進腸胃蠕動，幫助排便。不僅是腸胃，還能刺激大腦的交感神經，幫助大腦從睡眠中甦醒過來，讓身體暢快。現代醫學有許多這方面的資訊，這是人類數千年的智慧。

四、養成固定起床和睡眠的時間

如果工作不允許有固定睡眠的時間，那麼不要妥協請於固定起床的時間。盼望大家每天都能照著以上說法，日出之前起床迎接太陽。固定作息是非常重要的品德。透過這些為自己創造信心，為他人創造信任。這樣的人首先會從他最親近的家人得到信任。

如果早晨持續做這四件事，你的肩膀和腰部會自然伸直，整個人看起來變高。變得言行堅定，飲食單純。雖然年紀輕，但穩重可靠。雖為晚輩也能受到尊重，雖是下層的人，卻被當作領袖看待。這時若開始賺錢，金錢會讓你更加突出。這樣的人已經有了立足之地，也懂得分辨虛名，所以不會把錢花在奢侈或炫耀的事上。最後當然留下好因緣，斷絕壞因緣。

　　這些微小的習慣不會讓你有錢，但是有這些習慣的人，一旦有錢進來，就絕對不會縮水。錢就像尋找新郎的女人一樣，每天早上看見起床後伸懶腰、整理床鋪、喝杯水的男人，就知道他是好新郎。因為這些微小的行為裡，包含了他整個人生，女人當然想與這樣的男人結一輩子的姻緣。

_結語_

寫書對我而言仍然是一項最困難的事。這段時間透過老闆學概論課程，教導三千多名企業家的過程中，常常覺得各種金錢的問題是最實際的苦惱。我看見這些問題不僅針對實際經營事業的人，也關乎所有的人。所以這本書的內容不只針對經營者，是關乎所有的人，特別是準備踏入社會生活的年輕人。

2020年是我休息度假的一年，我打算停止所有的演講和課程，到世界各地旅行、閱讀書籍等。但是自3月起，由於新冠病毒影響了整個世界，所以只能留在家裡，就這樣不知不覺將稿子寫完了。

我要特別感謝我的姪女朴智英，她不分日夜地幫助我調查資料和校對。也感謝我的學生金賢真，每次都跟著我的演講或課程，協助我抄錄內容。也許從專家的立場來看，我所描述的經濟術語、理論、數字等都不夠專業。請將我當作一個投資者，而非經濟學家，並且對於我所敘述的內容敬請見諒。

如果這本書能帶給更多人經濟自由的機會和方法，我將倍感榮幸。

金勝鎬　2020年4月19日

_感 言_

寫給台灣的讀者：

能向台灣讀者介紹我的書，我倍感欣喜。其實我為了擴張事業去過台灣好幾次，但是因為台灣的外食產業水準很高，所以每次都令我躊躇不前。可是我從未想過我的書能在台灣出版，可以在書中與台灣讀者相會。

我出生於韓國，大學時移民到美國，在那裡開始經營事業。我在韓國完成了大部分的教育，社會生活則是在美國度過的。我曾經歷過非常貧窮的生活，現在擁有大富翁的生活。正因如此，我親自接觸到東方和西方各樣的經濟觀念，以及許多關於貧窮與富有的規則和原理。

這本書最初是針對韓國人寫的，但裡面的價值和訓誡，對世界任何一國的人都有幫助。我相信對台灣的讀者也一樣有價值。台灣與韓國一樣，40 至 50 歲的人口最多，10 年後老年人的比例會比年輕人多。失去勞動力的老年退休者，他們的貧窮將會成為社會的問題。我盼望各位在年輕時，就能儘早將我的書掌握在手中。

我再次為我的書能被台灣讀者接受而歡喜，並感謝所有參與出版和翻譯的工作人員。期待有一天能與各位讀者相見，謝謝大家。

11/12/20 於休士頓

國家圖書館出版品預行編目資料

金錢的祕密：對待金錢的方式，決定你是不是
有錢人
／金勝鎬 著 徐國明 譯一初版 .-- 臺北市：三采
文化，2021.07
面；公分 .—(iRICH；29)
ISBN 978-957-658-598-2(平裝)

1. 金錢心理學 2. 投資 3. 理財

561.014   110009402

sun**color**
三采文化集團

iRICH 29

金錢的祕密

對待金錢的方式，決定你是不是有錢人

作者｜ 金勝鎬　　譯者｜徐國明
副總編輯｜郭玫禎　　校對｜黃薇霓
美術主編｜藍秀婷　　封面設計｜池婉珊　　內頁排版｜周惠敏
版權負責｜孔奕涵　　行銷經理｜張育珊　　行銷副理｜周傳雅

發行人｜張輝明　　總編輯｜曾雅青　　發行所｜三采文化股份有限公司
地址｜ 台北市內湖區瑞光路 513 巷 33 號 8 樓
傳訊｜ TEL:8797-1234　FAX:8797-1688　網址｜www.suncolor.com.tw
郵政劃撥｜ 帳號：14319060　戶名：三采文化股份有限公司
初版發行｜ 2021 年 7 月 30 日　定價｜ NT$400
　　4 刷｜ 2021 年 11 月 20 日